Dat du
mien Leewsten büst

Dat du mien Leewsten büst

200 plattdeutsche Lieder
aus Vergangenheit und Gegenwart

*Ausgewählt
und herausgegeben von*
Heike Müns

Florian Noetzel Verlag
»Heinrichshofen Bücher«
Wilhelmshaven

Copyright 1988 by VEB Hinstorff Verlag Rostock
Florian Noetzel Verlag »Heinrichshofen Bücher«, Wilhelmshaven
Ausgabe für die Bundesrepublik Deutschland,
West-Berlin, Österreich und Schweiz
Alle Rechte, auch das der fotomechanischen Wiedergabe
(einschließlich Fotokopie) vorbehalten
All rights reserved
Von zahlreichen Liedern des vorliegenden Buches sind die Texte
und/oder die Melodien urheberrechtlich geschützt. Nähere Angaben
findet der Leser in den Anmerkungen und auf Seite 439.
Gestaltung: Werner Schinko
Notenstich: Florian Noetzel Verlag
Herstellung: Karl-Marx-Werk Pößneck
ISBN 3-7959-0557-5

Inhalt

Die Lieder Nr. 1—200   7

Nachwort   393

Grifftabelle für Gitarren- u. Lautenspiel   415

Quellen- und Literaturangaben zu den Liedern   416

Literaturverzeichnis   429

Alphabetisches Verzeichnis der Liedanfänge   433

A, B, C, D, E: dien Vadding fohrt tau See   1

Text: Helmuth Schröder

1. A, B, C, D, E: dien Vadding fohrt tau See.
   Dien Vadding fohrt up Engelland
   un halt en Schipp vull Zuckerkand.
   Slap, mien Kindjen, slap!

2. F, G, H un J: sien Schipp is noch en nie.
   Dat städt nich Waggen an un Wind
   un kümmt ball Haben binnen, Kind.
   Slap, ...

3. K, L, M, N, O: wat sien wi denn nich froh.
   Mien Jüngschen kriggt en Hottepird,
   en Daler ünner Bräuder wirt.
   Slap, ...

4. P, Q, R un S: Hottpirdken hett en Bläß.
   Hottpirdken hett en langen Swanz
   un üm den Hals en Kringelkranz.
   Slap, ...

5. T, U, V, W, X: dei Watermäum kriggt nicks.
   Sei kriggt von Vadding nich de Fäs,
   wat kickt dat bös' Ding langs de Näs.
   Slap, ...

6. Ypsilon un Z: wat slöppt mien Kindjen nett.
   Nu kamen ut uns' Herrgotts Saal
   tau singen säute Engels dal:
   Slap. Kindjen, slap!

Ach dröger Winter

Textbearbeitung: Gruppe Landleute

1. Ach dröger Winter, du büst so kolt,
   du hest verdröget den grönen Wold,
   du hest verblöcht
   de Blömings up de Heiden.

2. De gelen Blömings sind worden fahl,
   entflogen is uns Fru Nachtigall.
   Se is entflogen,
   se ward uns nich mier singen.

3. Se is uns entflogen to dissen niegen Johr,
   een stetet Leev heff ick nich dor.
   Een stetet Leev
   is alltied mien Verlangen.

4. An 'n Abend, wenn ick to Beer will gahn,
   un mien feins Leev nich bi mi sin kann,
   truert mien Hart
   und truert mien Gemöte.

5. Un morgens, wenn ick früh upstoh,
   un Sorgen gahn mien Hart so nah,
   denn kümmt mien Leev
   un böt mi 'n goden Morgen.

6. Goden Morgen, goden Morgen, mien feinet Leev,
   ick heff von Harten di, von Harten leev.
   Ick heff von Hartengrund
   di uterkohren.

Ach komm, du fein artiges Bauernmädchen　　3

1. Ach komm, du fein artiges Bauernmädchen,
   komm in mein gräfliches Schloß.
   Da sollst du haben
   Limonaden,
   die sollst du haben auf deinen Tisch.

(gesprochen:)
2. Dor kannst du woll lang' noch up luern!
   Un denn, wat sall ick bie di?
   Ein Huus heff 'k tau eigen,
   dor sall mien Hans weigen,
   wenn wi man blot ierst hewwen uns friegt!

(gesungen:)
3. So laß doch den garstigen Lümmel,
   laß doch den schmutzigen Knecht!

Der soll's mir büßen,
und ich will dich küssen,
bei mir allein nur hast du es gut!

(gesprochen:)
4. Dat di dat Dunner un Wäder nich kriggt,
dat du up mienen Hans hier wat weitst!
Ick segg di bie Tieden,
du bliffst mi von dei Sieden,
sünst kriggst du weck mit dei Meßfork up 'n Kopp!

4 *Ach Mudder Ierd*
(Mudder Ierd)

Text: Joachim Piatkowski

1. Ach Mudder Ierd, ik will to di
   in dienen Umhang mi verkrupen,
   so väle Trummeln rund üm mi
   un dortau achter uns dat Grugen.

2. Süh, Mudder Ierd, den gläuhnig Häben,
   een Füerschien fegt dörch dat Land.
   Warst ok so brennen ohn to läwen
   warst liggen denn in Asch un Brand.

3. Hür, Mudder Ierd, de Hacken ballern
   väl Stäwels peeren nu de Straat.
   Keener höllt dat mihr fär Dallern
   in Güstrow nich un nich in Prag.

4. Oh, Mudder Ierd, so kolles Grugen,
   Dodestrummeln al ganz dicht.
   Dor helpt uns ok man keen Verkrupen,
   ik schnied mien Angst in dien Gesicht.

(angeregt durch die Plastik »Mutter Erde« von Ernst Barlach)

5 — *Ach, wenn ick doch eenmal in 'n Himmel ierst wier*

Ach, wenn ick doch een-mal in'n Him-mel ierst wier,
de Eh-stand de makt mi so väl Be-swier,
ach wier ick doch all-tied 'ne Jump-fer blä-ben!
Un harr ick mi nim-mer in'n Eh-stand be-gä-ben!
Nu sitt ick an de Weeg un sin-ge ei, ei, ei
ei-a po-pei-a, ei ei-a po-pei.

Zwischen - und Nachspiel

1. Ach, wenn ick doch eenmal in'n Himmel ierst wier,
   de Ehstand, de makt mi so väl Beswier,
   ach wier ick doch alltied 'ne Jumpfer bläben!
   Un harr ick mi nimmer in'n Ehstand begäben!
   Nu sitt ick an de Weeg
   un singe ei, ei,
   eieia popeia, eieia popei.

2. As ick noch 'ne Jumpfer wier, wier ick so fien,
   so fien, as keen gnädiget Fräulein mag sien,
   dor dreih ick dat Köppchen soso un soso,
   dor wier ick so snicker, so snacker dorto.
   Nu sitt ick an de Weeg
   un singe ei, ei,
   eieia popeia, eieia, popei.

3. As ick noch 'ne Jumpfer wier, güng ick to 'n Danz,
   to Markte, up de Hochtied un ok butenlands,
   dor keeken de Jungs von de Siet mi an,
   un jeder de wünscht sick, he wier mien Mann.
   Nu sitt ick an de Weeg
   und singe ei, ei,
   eieia popeia, eieia popei.

4. Un wenn denn to Hus nix miehr wier to dohn,
   denn deh ick an'n Abend mit 't Spinnrad utgahn,
   dat süng sick, dat klüng sick, to Lust un Pläsier'n,
   dor säd'n de Jungs: 't is doch 'ne nette Diern.
   Nu sitt ick an de Weeg
   un singe ei, ei,
   eieia, popeia, eieia popei.

5. So güng dat, as ick noch 'ne Jumpfer was,
   dor klüng de Vigeline, nu brummelt de Bass,
   ach, wier ick doch alltied 'ne Jumpfer bläben
   un harr ick mi nimmer in'n Ehstand begäben!
   Nu sitt ick an de Weeg
   un singe ei, ei,
   eieia popeia, eieia popei!

Allens is vergäten

Text: Ernst Hamann; Melodie: Johann Christian Rinck

1. Allens is vergäten, wat mi dags hett quält,
   wenn uns' Nahwer 's abends sien Treckfiedel spält.

2. Muusing still is worden Dörp un Hoff un Huus;
   hen un her in 'n Schummern schütt de Fleddermuus.

3. Ok de Sünn güng' slapen, ut de Wisch stiggt Dak;
   sachten treckt de Käuhlung œwer Feld un Brak.

4. Un ick bün so selig, nicks tau 'n Glück mi fählt,
   wenn uns' Nahwer 's abends sien Treckfiedel spält.

An de Eck steiht 'n Jung mit'n Tüdelband

Text: nach Ludwig Wolf

An de Eck steiht'n Jung mit 'n Tü-del-band, in de an-ner' Hand 'n Bod-der-brot mit Kees; wenn he blots nich mit de Been in dat Tü-deln kummt! Un dor liggt he ok all lang op de Nees. Un he rasselt mit 'n Das-sel geg-'n Kant-steen, un he bitt sick ganz ge-heu-rig op de Tung. As he op-steiht, seggt he:" Hett nich

1. An de Eck steiht'n Jung mit'n Tüdelband,
   in de anner' Hand 'n Bodderbrot mit Kees;
   wenn he blots nich mit de Been in dat Tüdeln kummt!
   Un dor liggt he ok all lang op de Nees.
   Un he rasselt mit'n Dassel geg'n Kantsteen,
   un he bitt sich ganz geheurig op de Tung.
   As he opsteiht, seggt he: »Hett nich wehdon!«
   Dat is'n Klacks för so'n Hamborger Jung!

(Gewöhnlich angehängte Refrain-Strophe:)

Klau'n, klau'n, Äppel wüllt wi klau'n,
ruck zuck öber'n Zaun.
Ein jeder aber kann es nicht,
denn es muß verstanden sein.

2. An de Eck steiht 'n Deern mit'n Eierkorf,
   in de anner' Hand 'n groten Buddel Rum;
   wenn se blots nich mit de Eier op dat Ploster seilt!
   Un dor seggt dat ok all lang »bum-bum«.
   Un se smitt de Eier un den Rum tosomen,
   un se seggt: »So'n Eiergrog den heff ick geern!«
   As se opsteiht, seggt se: »Hett nich wehdon!«
   Dat's 'n Klacks för so'n Hamborger Deern!
       Klau'n, klau'n ...

Tüdelband = Trudelreifen

Anke van Tharau

Text: Simon Dach; Melodie: Friedrich Silcher

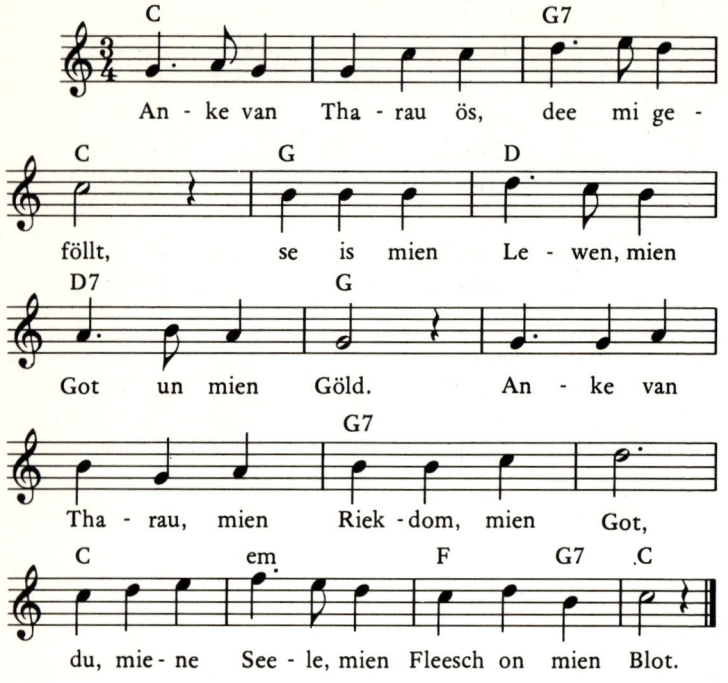

1. Anke van Tharau ös, dee mi geföllt,
   se is mien Lewen, mien Got un mien Göld.

   Refrain:
   Anke van Tharau, mien Riekdom, mien Got,
   du, miene Seele, mien Fleesch on mien Blot.

2. Anke van Tharau hefft wedder ehr Hart
   bie mi geröchtet än Löw' on än Schmart.

3. Quäm allet Wedder gliek ön ons to schlahn,
wie sien gesönnt, bieenander to stahn.

4. Krankheit, Verfölgung, Bedröwnös un Pien
sall unsrer Löwe Vernöttinge sien.

5. Recht as een Palmenboom œwer söck stöcht,
je mehr een Hagel on Regen anföcht,

6. So ward de Löw' in uns mächtig un grot,
dörch Kries, dörch Lieden, dörch allerlei Not.

7. Wördest du gliek eenmal van mi getrennt,
leewtest dar, wor öm de Sönne kuum kennt,

8. Eck wöll di fölgen dörch Wölder, dörch Meer,
dörch Ies, dörch Iesen, dörch feendlöcket Heer.

Anke van Tharau, mien Licht, miene Sönn,
mien Lewen schlut öck öm dienet henönn.

9 Ans eck biem Buern deen

1. Ans eck biem Buern deen,
   deen eck biem Plog.
   To Middag kreeg eck Kielken,
   dat wär' wenig genoch.
   De Kielken wären schlecht äwergebroden,
   de Buer möt woll prachre gohn.
   O du mei Jeu!

2. Ans eck biem Buern deen,
   deen eck biem Plog.
   To Middag kreg ick Pannkoke,
   de wären wenig genoch.

De Pannkoke wären verbrennt.
De Buer rennt op de halwe Stremp.
O du mei Jeu!

3. Ans eck biem Buer deen,
deen eck biem Plog.
To Middag kreg ick Erdschocken,
de wären wenig genoch.
De Erdschocken wären ganz verbrennt,
de Buer rennt op de letzte Stremp.
O du mei Jeu!

As Burlala geburen was

1. As Burlala geburen was,
   donn was hei noch so lütt.
   Sien Mudder nehm em woll up den Arm
   un leggt em in dei Weig' so warm.

»Deck mi tau«, seggt hei,
»deck mi tau«, seggt hei,
»deck mi tau«, seggt Burlala.

2. As Burlala nah dei Schaul henkem,
donn was hei noch so dumm.
Hei wüßt ok nich, wout, woans,
verleet sick ganz up Hans un Franz.
»Seggt mi tau«, seggt hei,
»seggt mi tau«, seggt hei,
»seggt mi tau«, seggt Burlala.

3. As Burlala ranwussen was,
ein staatschen Kierl hei was.
Dat Hoor was kort von'n Kopp afschor'n,
dei Kragen güng em woll œwer dei Ohr'n.
»Steiht mi gaut«, seggt hei,
»steiht mi gaut«, seggt hei,
»steiht mi gaut«, seggt Burlala.

4. As Burlala up Posten stünn
woll mit geladen Gewehr,
donn keem ein Kierl ut Frankreich her,
dei wull giern weiten, wo Düütschland wier:
»Scheit di dot«, seggt hei,
»scheit di dot«, seggt hei,
»scheit di dot«, seggt Burlala.

5. As Burlala nu storben was,
ganz muusingstill hei leg'.
Sien Öllern stünn'n woll an sien Graff
un wischten sick dei Tranen af.
»Weint man nich«, seggt hei,
»weint man nich«, seggt hei,
»weint man nich«, seggt Burlala.

6. As Burlala nah 'n Himmel kem,
   bie Petrus kloppt hei an.
   »Och Petrus, leewe Petrus mien,
   ick müch nu geern in 'n Himmel sien.«
   »Mak mi op«, seggt hei,
   »mak mi op«, seggt hei,
   »mak mi op«, seggt Burlala.

1. As de junge Mann wull op Frien utgahn,
   do trock he sine witte, witte West wull an.
   Valderallalala, valderalalala,
   valderi, valderu, valderallalalala!
   Un as de ole Mann sik mak op'n Stock,
   do keem he togang in sin' griesen, griesen Rock.
   Valderi, valderu, valderallalalala,
   valderi, valderu, valderallalala!

2. Se geb'n den jungen Mann wul een Glas Wien,
   den olen Mann den fodern se mit Schapsrosin.
   Un as de junge Mann drünk ut sin' Wien,
   wat smaus de ole Mann an de Schapsrosin!

3. Se geb'n den jungen Mann en braden Fisch
   un sett'n den olen Mann wul bi de Graden ünner'n Disch.
   Wat eet de junge Mann von den braden Fisch,
   wat hüs de ole Mann mank de Graden ünner'n Disch!

4. Se geb'n den jungen Mann en lange, lange Piep
   un sett'n den olen Mann wul in de Höhnerkiep.
   Wat smök de junge Mann ut de lange, lange Piep,
   wat russel de ol Mann in de Höhnerkiep!

5. Se schenken den jungen Mann en gollnen Wag'n
   un sett'n den olen Mann in en Watergrab'n.
   Un as de junge Mann föhr in den gollnen Wag'n,
   wat plümper de ol Mann in den Watergrab'n!

6. Un as de junge Mann hen to Kark wull gahn,
   do sett'ns den olen Mann wul bi de Swien in 'n Kab'n.
   Un as de junge Mann sik de Predigt anhör,
   wat mak de ole Mann mank de Swien en Malör!

7. Un as de junge Mann keem trüch mit de Brut,
   do smeet'ns den olen Mann wul ut de Dör herut.
   Un as de junge Mann seet an' Hochtiedsdisch,
   do verbiester de ol Mann wul op den Burn sin Wisch!

As ick noch 'n lütt Deern weer

1. As ick noch 'n lütt Deern weer,
   wull ick gern 'n lütt Henn hemn'.
   All de Lüd' weten wulln,
   wo mien Henn heeten schull.
   Mien lütt Henn, dee heet Kreih,
   leggt mi all Dag een Ei.

2. As ick nu 'n lütt Henn harr,
   wull ick ok 'n lütt'n Hahn hemn'.
   All de Lüd' weten wull,
   wo mien Hahn heeten schull.
   Tuckelhahn heet mien Hahn,
   mien lütt Henn, dee heet Kreih,
   leggt mi all Dag een Ei.

3. As ick nu 'n lütt'n Hahn harr,
   wull ick ok 'n lütt Gos hemn'.

All de Lüd' weten wull,
wo mien Gos heeten schull.
Witte Pos' heet mien Gos,
Tuckelhahn heet mien Hahn,
mien lütt Henn, dee heet Kreih,
leggt mi all Dag een Ei.

4. Langehals heet mien Gant.

5. Trippeltrapp heet mien Schap.

6. Isegrien heet mien Swien.

7. Pedd-bet-to heet mien Koh.

8. Flessensteert heet mien Peerd.

9. Hebberecht heet mien Knecht.

10. Spinnichgern heet mien Deern.

11. Kiek-in-de-Kann heet mien Mann.

12. As ick nu 'n lütt'n Mann harr,

    wull ick noch 'n lütt Kind hemm'.

    All de Lüd' weten wull,

    wo mien Kind heeten schull.

    Suusewind heet mien Kind.

    Kiek-in-de-Kann usw.

Singanweisung: Von der 2. Strophe an wird das bereits Aufgezählte in umgekehrter Reihenfolge wiederholt.

Brauder Jakob

Brauder Jakob,
d' büst 'n Schapskopp,
d' büst 'n Dummerjan,
kannst nich so rüm gahn!

Buhköhking buh

Buhköhking buh,
brümming, brümming buh,
Hünning, Hünning, wau wau wau,
Katting, Katting, mau mau mau,
Änting, Änting, prak prak prak,
Gösing, Gösing, gigagack,
Hähning, Hähning, kükrekü,
slöpt mien Jünging bet morgen früh.

Daaglang an'n Disch seeten

Text: Helmut Debus

1. Daaglang an'n Disch seeten,
   sik nich röhrt, for sik henstiert,
   so weer't domals.

2. Nachtenlang stief in't Bett leegen,
   kien Oog mehr tomaakt
   ut Angst vor'n tokamen Dag,
   an'ne Deck stiert —
   so weer't domals.

3. Weekenlang nich in un ut wußt,
   kien Wuurt mehr seggt un hört —
   so weer't domals.

4. Maandenlang, wenn de Post keem,
   tosamentuckt up'e Döör stiert —
   so weer't domals.

5. Jahrenlang darno noch in de Kinner
   den Mann sehn,
   sien Gesicht, luurt, söökt, sien
   Stimm hört —

6. So weer't domals
   in'n Krieg, na'n Krieg,
   so is't ümmer:
   in'n Krieg, na'n Krieg.

16   *Dah, wat du nie dahn hest*

Text: Helmut Debus

1. Dah, wat du nie dahn hest,
   föhl, wat du nie föhlt hest,
   hör, wat du nie hört hest,
   segg, wat du nie seggt hest.

   Gah, griep na den Wind, du,
   nix blifft so as't is.

2. Den Wegg na sük sülben
   is plastert mit Steenen.
   Hest du em wegrullt —
   den eenen —
   liggt al de anner dar
   un is grotter.

3. Gah hen, wo du nie wäsen büst,
   kiek an, wat du nie ankeken hest.
   Drag, wat du nie dragen hest,
   sing, wat du nie sungen hest.

   Gah, griep na den Wind, du,
   nix blifft so as't is.

4. Steihst du vör een Müür,
   riet se doch in.
   Mit Angst kannst du nich läwen,
   swiegen hett kienen Sinn.
   Ok, wenn dar noch een steiht
   un is grotter.

   Gah, griep na den Wind, du,
   nix blifft so as't is.
   Dar büst du, bün ick,
   dar geihst du, gah ick.

Dar steiht een Lindboom

1. Dar steiht een Lindboom in't gröne Dal,
   is baben breet und nedden smal.
   Van Golde dree Rosen.

2. Is baben breet und nedden smal,
   darup da sitt Fruu Nachtigall.
   Van Golde dree Rosen.

3. »Gott gröte di, Nachtigall hübsch und fien,
   willt du des Leeweken Bade nich sien?«
   Van Golde dree Rosen.

4. Dat flog sick hen, dat flog sick her,
   dat flog vor eenes Goldsmeedes Dör.
   Van Golde dree Rosen.

5. »Och Goldsmid, leewe Goldsmid mien,
   smeed' du mi up een Ringelien.
   Van Golde dree Rosen!«

6. Se streken em den Ring wol œwer den Kopp,
   it flog to Hamborg darmit in de Stadt.
   Van Golde dree Rosen.

7. Dat flog sick hen, dat flog sick her,
   dat flog vor eenes Börgermeisters Dör.
   Van Golde dree Rosen.

8. »Gott gröte juu, Börgermeister, hübsch un fien,
   wor hebbe ji juu jungstes Dochterlien?«
   Van Golde dree Rosen.

9. »Se sitt in ehrem Kammerlien,
   un sticket dar up een Hötelien.«
   Van Golde dree Rosen.

10. Gott gröte juu, Mädeken hübsch un fien,
    dien Leewste schickt di een Goldringelien.«
    Van Golde dree Rosen.

11. »Schickt mien Leewste mi een Goldringelien,
    willkamen schall mi de Bade sien!«
    Van Golde dree Rosen.

12. Un dee dit Leedeken hett erdacht,
    siener Leewsten he it gebracht,
    van Gold schenkt se em dree Rosen.

Dar weer een lüttje Buerndeern

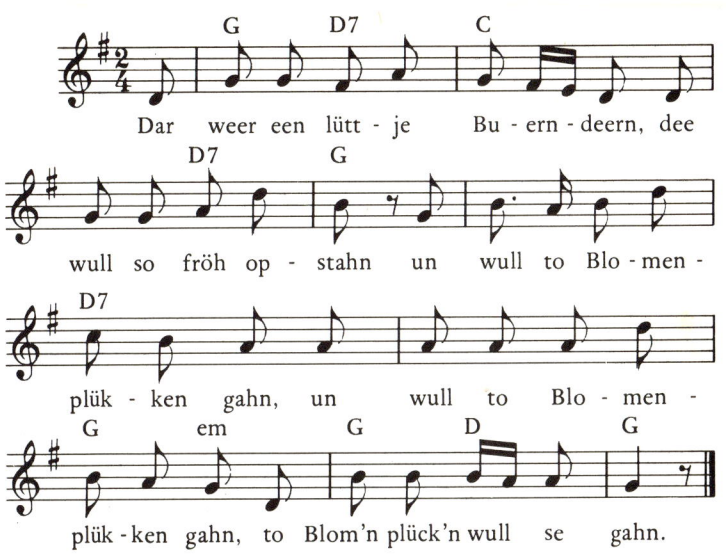

1. Dar weer een lüttje Buerndeern,
   dee wull so fröh opstahn
   un wull to Blomenplücken gahn,
   un wull to Blomenplücken gahn,
   to Blom'nplück'n wull se gahn.

2. Es kam ein reicher Herr gegangen:
   »Du lütte Buerndeern,
   wo wullt du denn so fröh hengahn?«
   »Ick will to Blomenplücken gahn,
   to Blomenplücken will ick gahn.

3. Will de Herr mi viellicht helpen,
   dat ick mien Schot vull krieg?«
   He hulp ehr ja to plücken,
   he hulp ehr ja to plücken,
   bet se ehr'n Schot vull harr.

4. Was zog er von sein' Finger?
   Een Ring so rot vun Gold:
   »Süh hier, du lütte Buerndeern,
   süh hier, du lütte Buerndeern,
   nu treck di Blomen grot!«

5. It wahrete keen dreeviertel Jahr,
   do harr se 'n Blom' in' Schot,
   do dachte se in ehren Sinn,
   do dachte se in ehren Sinn:
   »Harr 'ck man mien Blom' erst grot!«

Dat du mien Leewsten büst

1. Dat du mien Leewsten büst,
   dat du wol weeßt!
   Kumm bie de Nacht,
   kumm bie de Nacht,
   segg wo du heeßt.

2. Kumm du um Middernacht,
   kumm du Klock een!
   Vader slöppt, Moder slöppt,
   ick slap alleen.

3. Klopp an de Kammerdör,
   fat an de Klink!
   Vader meent, Moder meent,
   dat deit de Wind.

4. Kummt denn de Morgenstern,
   kreiht de oll Hahn,
   Leewster mien, Leewster mien,
   denn mößt du gahn.

5. Sachen den Gang henlang,
   lies' mit de Klink:
   Vader meent, Moder meent,
   dat deit de Wind.

Dat weer in een Winter vör lange Tied 20

Text und Melodie: Verena Hocke

Dat weer in een Winter vör lange Tied,
dor makte sick Josef, de Knecht, op den Weg.
He harr Maria, sien Fruu, an sien Sied,
denn Kaiser Augustus harr to all Lüüd seggt:
Een jeder schall na sien Heimatstadt hen,
so wannerten se denn na Bethlehem.

Maria, de Jungfruu, weer mööd un schwach,
se drooch ünner't Hart wohl een lütte Kind.
Dat schull to de Welt kaam'n noch disse Nacht,
doch se mussen wannern dörch Regen un Wind.
Und endli weer ehr Reis to Enn,
in David sien Stadt, in Bethlehem.

De Stadt weer all full, de twee ganz verlaten.
Dat wur höchste Tied, se brukten Quarteer.
För Maria un Josef de Hüüs bleem verschloten,
un nüms in de Stadt geev't een aapen Döör.
Bloß in een Stall, dor kunn'n se hen,
de eenzige Platz in Bethlehem.

Oh, Jesus Christus, born in een Stall,
du geevst uns Freden vör veele Johrn.
Wi as dien Kinner danken di all
un hoffen, wi kööt em noch lang bewohrn,
un immer för all Lüüd een aapen Döör hem
un ewig denken an Bethlehem.

De Boom, de stünn so hoch un krus

Text: Erna Taege-Röhnisch; Melodie: Alfred Sitte

1. De Boom, de stünn so hoch un krus,
   wi süllen dor jo nich ran,
   bloß Eva kreeg sun Jieper up,

de beet een' Appel an.
Nu hitt dät, rut ut 't Paradies
un rup up 't Röbenfeld.
De eener schlowt üm 't leewe Brot,
de änner racht noh 't Geld.

2. De Boom wüss höger rup in 't Licht,
de Äppel, de hebben lacht.
Nobel hett plückt, Curie's hebben plückt,
se hebben bloß Godds bie dacht.
De Appel harr man 'n heeten Kern,
is heeter as de Sunn.
Nu sitten wi up 't Pulverfaß.
Wo kom wi dor wär run?

3. Wi willen keen Füer, wat allns vertehrt
un möckt dät Leben dot.
Wi willen een Füer, wat lücht't un wärmt
un is dät Leben got.
Wenn eener den ollen Appel schmitt
un föhlt sich noch so stark,
den platzt he selber in de Fust,
denn brukt he ook keenen Sark.

4. Kröp eener woll in'n Appelboom
un hüng em wedder ran —
geplückten Appel, de is af,
de waßt nich wedder an.
De Appel is keen Ball tum Spöll,
is Leben odder Dot.

Een Leben un een grönen Stern!
Wi sind dät Leben got!

De Buur, dee wull to Acker gahn 22

1. De Buur, dee wull to Acker gahn,
   dor kem em just dat Fräten an.
   Didel juppjuppjupp, heidallala,
   didel juppjuppjupp heidallala.

2. »Marieken, kak den Haberbrei un slah de Eier in
   de Pann entwei.«

3. Un as de Buur nu satt un fratt, denn ruschel in
   de Kamer wat.

4. Marieken meen: »Dat deit de Wind, dee rögt wull an
   de Kamerklink!«

5. De Buur sä': »Ick will süms tosehn, wat in
   de Kamer is geschehn.«

6. Un as de Buur de Dör optrock, stünn dor de Pap
   in 'n swatten Rock.

7. »Wat deist du Pap' in mienen Huus? Ick kam je nich
   in dienen Huus!«

8. »Ick wull dien Fruu de Bicht verhör'n un ehr
   den lütten Katekismus lehr'n.«

9. »Wat deist du dat bie Dage nich? Denn bruukst
   du keen Laternenlicht!«

10. »Bie Dag dar heww ick gar keen Tiet, denn mutt
    ick hen nah anner Lüüd'.«

11. Dor nöhm de Buur een Bessenspitt un slög'
    den Papen in 't G'nick.

12. De Pap, dee leep dat Dörp henlang, — wat huul
    de Wind, wat stööw de Sand!

13. So mutt dat all de Papen gahn, dee hen nah fremde
    Fruenslüüd' gahn.

De grote Buer, de Herr vun 't Land

1. De grote Buer, de Herr vun 't Land,
   dee fritt de Brad'ns mit Unverstand.
   Heho heho! Hurrah frisch nah!
   He hurrah, dor kamen frische Stimmen her.
   Heho heho! Hurrah frisch nah!

2. Süh, dor kummt een Seiler an,
   mit mojen Wind un föffteihn Mann.

3. Dat grote Schipp up wiede See
   hett frie Fahrt in Luv un Lee.

4. Wi sett de Netten op den Grund
   un fangt de Fisch an duusend Pund!

De Harwstwind weiht dörch Warnemünn' 24

Text und Melodie: Rudolf Ertl

1. De Harwstwind weiht dörch Warnemünn' un makt de Böm ganz kahl.
   De Sommertied is nu tau End, un Blädder fallen dal.

2. In Gord'ns ward all Krut verbrennt, dat rückt man milenwiet.
   De Stranddurn, gäl, süht lewlich ut in disse ruge Tied.

3. De Mohl liggt in een griesen Dunst, man hürt dat Nebelhurn.
De Strandkörf sünd lang rinnerhalt, in Sand verweihn de Spurn.

4. Wi wannern rut nah Wilhelmshöh, den Krag'n hochgeslan.
Mal blast de Wind uns in't Gesicht, mal blast he achtern an.

5. De wild'n Gäus wiet öwer uns, de trecken eere Bahn.
Lang noch hürn wi eer Geschrie, de Abend brekt all an.

6. Denn stahn wi up de steile Küst un keen een seggt een Wurt.
De Lüchtturm wiest mit sin Signal de Schäpp'n goode Fohrt.

7. De Harwst treckt in, in Warnemünn' un makt de Böm ganz kahl.
De Sommertied is nu tau End un Blädder fallen dal.

De Klock, de hett al elben schlohn

Text: Erna Taege-Röhnisch; Melodie: Fritz Röhnisch

1. De Klock, de hett al elben schlohn,
   mien Deern, un du bist möd.
   De Wächter kömmt, ik will man gohn!
   God Nacht, schlop sacht un söt!
   Mi dücht, de Nachten nehm al to,
   de Obend wor so lang.
   Mien Deern, dien Hert, dät schleiht jo so —
   bist mi doch woll nich bang?

2. Dät is jo man de Wind in't Korn,
   dät Ruscheln wiet un siet.
   Dät Stroh is witt, vull sind de Ohrn,
   nu is 't tum Mähgen Tied.
   De Seiß in't Schuer, de is al blank,
   vör Dau un Doog geiht 't rut.
   Ball kömmt de Wind de Stoppel lang,
   denn is de Sommer ut.

3. Mien Deern, wat kloppt dien Hert so siehr,
   wat höllst du mi so fest?
   Den Sommer holln wi doch nich miehr,
   de Sommer, de ist west!
   God Nacht, mien Deern, nu lot mi frie,
   süss sind wi morgen möd!
   De Aust, de luert up di un mi!
   God Nacht, schlop sacht un söt!

De Klock hett tein slan

1. De Klock hett tein slan, tein is de Klock.
   Die zehn Gebote setzt Gott ein, Mensch, du sollst gehorsam sein.

2. De Klock hett ülm slan, ülm is de Klock.
   Elf Apostel blieben treu, Judas ein Verräter sei.

3. De Klock hett twölw slan, twölw is de Klock.
   Zwölf Uhr ist das Ziel der Zeit, Mensch, bedenk' die Ewigkeit.

4. De Klock hett een slan, een is de Klock.
   Einer ist, der uns regiert und den Weg zur Wahrheit führt.

5. De Klock hett twee slan, twee is de Klock.
   Zwei Wege hat der Mensch vor sich, den rechten Weg erwähl' er sich.

6. De Klock hett dree slan, dree is de Klock.
   Drei ist eins, was göttlich heißt: Vater, Sohn und heil'ger Geist.

7. De Klock hett veer slan, veer is de Klock.
   Vierfach ist das Ackerfeld. Mensch, wie ist dein Herz bestellt?

8. De Klock hett fiv slan, fiv is de Klock.
   Auf, ermuntert euren Sinn, denn es ist die Nacht dahin!
   Danket Gott, der uns die Nacht hat so väterlich bewacht.

De Landstrat lang, hen nah Swerin

Text: Lisa Milbret

1. De Landstrat lang, hen nah Swerin
   stahn Stein' mit schräben Schrift,
   de sünd as Mahnung upstellt hier,
   dat uns Erinn'rung blifft.

2. Dor liggen Minschen ünner Ierd,
   an braken Liew un Hart,
   kreegn Hunger blots un Ledderpietsch
   von Hunnen, de in Swart.

3. As Veih dreebn s' Minschen dörch de Nacht
   un hem ehr quält un slahn,
   de süllten up 'n Schäpen rup
   un dormit ünnergahn.

4. So trööken Dusende hier lang,
   in Küll un grote Not
   un de sin' Bein' nich setten künnt',
   den' schöten s' einfach dod.

5. Diss hier ehr Läben laten müßt',
   dat uns dat bäter geiht,
   striet Minsch, dat nich de Ledderpietsch
   di in de Taukunft sleit!

28 De Linnewewers slacht alle Johr twee Swien

1. De Linnewewers slacht alle Johr twee Swien.
   Harum, di scharum! Jupjupjup.
   Dat eene, dat is stahl'n und dat anner is nich sien.
   Harum di scharum! Jupjupjup!

   Refrain:
   Fien oder groff,
   Geld gifft dat doch!

Jölken, dreih dat Spölken!
Jupjupjup!

2. Wenn de Linnewewers wüllt maneerlich sien,
   denn haut se mit de Knäwels in de Snuut sick rin!

3. Ja, de Linnewewers ward de Hals licht drög'.
   Un denn kamt se bie und fiert mal een bannig Hög!

4. Un de Linnewewers sünd verdreihte Lüüd',
   wenn se 't Grogglas to seihn kriegt, kamt se rein ut de Tüt!

5. Ja, de Linnewewers hebbt sœben Flicken up de Büx,
   dree sitt vör, veer sitt achter, awer dat deit jem nicks.

6. Ja, de Linnewewers danzt ahn Tüffel un Schoh
   un makt de Musik op den Luuskamm darto.

7. Un de Linnewewers singt, wenn de Buern all schreet;
   denn se weet, dat dat Lachen op 't beste jem wull kleed't.

29   De lütte Stadt geiht slapen sacht

Text: Ursula Kurz; Melodie: Klaus-Jürgen Schlettwein

1. De lütte Stadt geiht slapen sacht.
   De Dag versünk all in de Nacht.
   De Wulk treckt ehren Vörhang dicht,
   in Hus un Stall verlöscht dat Licht.

2. De Voegel, de so lustig west,
   hebb'n Tauflucht söcht in't warme Nest.
   Ein Uhl blot, de up Luer sitt,
   röppt in de Nacht noch ehr: Kumm-Mit!

3. Un ümmer stiller ward de Urt.
   De Mand ögt dörch de Wulkenpurt,
   de Wind, all bäten mäud un matt,
   spält sinniger mit Blaum un Blatt.

4. Min lütte Stadt liggt lang in'n Droom,
   de Stiern wiwagt an'n Linnenboom.
   So trulich hölt de Mand sin Wacht
   un smüstert sinnig, gaude Nacht!

30. De mit de Katt'n plögen will

1. De mit de Katt'n plögen will,
   de spann de Mus vöran!
   Denn grippt de Katt woll nah de Mus,
   so blifft de Plog in'n Gang.

2. Un de de Höhner griepen will,
   de hol' den Weetn prat!
   Denn pickt de Höhner in de Oahr,
   so kriggt he jüm to fat.

3. Wenn du de Minschen bruken wullt,
   so wies jüm blankes Gild!
   Denn neit se sick unbannig af.
   Ja, so geiht 't in'e Wilt.

De Politikers sitt in't Parlament

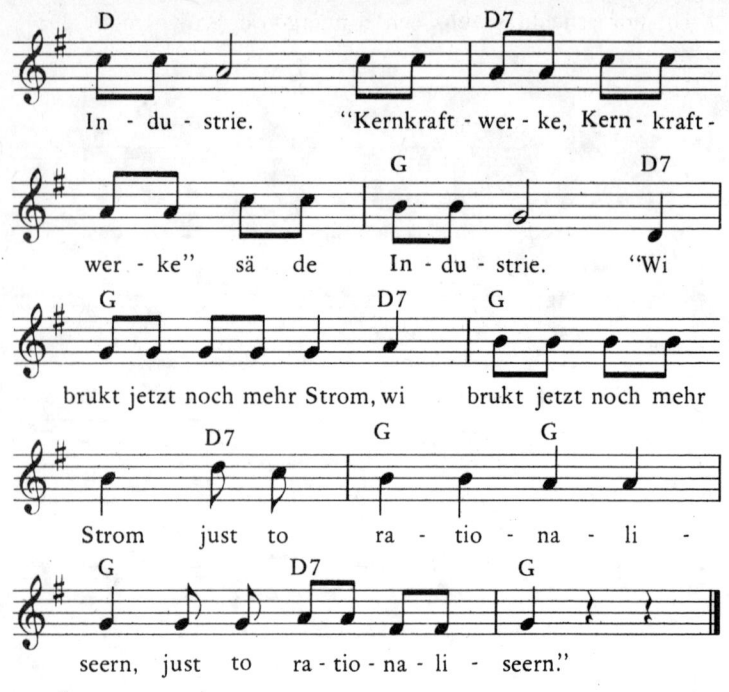

1. De Politikers sitt in't Parlament, Parlament,
   könnt maken, wat se wöllt, könnt maken, wat se wöllt.
   Wi swigt jümmer, jümmer still, wi swigt jümmer, jümmer still.
   Un dor markt se sick een Atomgesetz, Atomgesetz pardautz.
   »Kernkraftwerke, Kernkraftwerke« sä de Industrie,
   »Kernkraftwerke, Kernkraftwerke« sä de Industrie.
   »Wi brukt jetzt noch mehr Strom,
   wi brukt jetzt noch mehr Strom
   just to rationaliseern,
   just to rationaliseern.«

2. Un se beandragt een Platz hier in Bruchdörp, in Bruchdörp.
   Wöllt hier son Ding hinstelln, wöllt hier son Ding hinstelln.
   Doch wi swigt nu nich mehr still, doch wi swigt nu nich mehr still.

Un dor schenkt se uns een Kinnergoorn, Kinnergoorn pardautz.
Un Toiletten, un Toiletten achtern Diek,
un Toiletten, un Toiletten achtern Diek,
dormit wi dat Mul holt, dormit wi dat Mul holt.
De Börgermeister de fallt um, de Börgermeister de fallt um.

3. Un dort schlütt wi us nu all tosomn, all tosomn,
in een Initiativ, in een Initiativ
gegen dat Atomkraftwerk, gegen dat Atomkraftwerk.
Un dat stört nu ok glieks de NWK, NWK pardautz.
Propaganda, Propaganda schmitt se unnert Volk,
Propaganda, Propaganda schmitt se unnert Volk,
de Wohrheit de steiht Kopp, de Wohrheit de steiht Kopp,
doch wi glövt jüm dat man nich, doch wi glövt jüm dat man nich.

4. Un de Stoot makt een Erörterungstermin, Erörterungstermin.
De makt hier op neutral, de makt hier op neutral,
doch se regiert för NWK, doch se regiert för NWK.
Un dorto brukt se een Hümpel Polizei, Polizei pardautz.
Scharpe Hunnen, scharpe Hunnen un den Knüppel ook,
scharpe Hunnen, scharpe Hunnen un den Knüppel ook.
Doch se kummt nich vöran, doch se kummt nich vöran,
denn de Widerstand steiht fast, denn de Widerstand steiht fast.

5. Un dat Atomwark in Bruchdörp wart ni stahn, wart ni stahn,
weil wi den Platz besett, weil wi den Platz besett,
wenn de anfangen wöllt to baun, wenn de anfangen wöllt to baun.
Un wi hebbt all eene Forderung, Forderung pardautz.
KKW — NEE, KKW — NEE, dat is wat wi wöllt,
KKW — NEE, KKW — NEE, dat is wat wi wöllt.
Dann zeigt wi unse Macht, dann zeigt wi unse Macht,
un wi holt uns unser Recht, un wi holt uns unser Recht!!

32 *De Rosenstruk, de hett ne Knopp*

Text: Erna Taege-Röhnisch

1. De Rosenstruk,
   de hett ne Knopp,
   de ward al rot.
   Un breckt se up,
   schenk ik se di.
   Ik bün di got.

2. De Rosenblom,
   de blöjt woll up
   un blädert af.
   Ik bliew bi di
   mien Lebenlang
   bet an dät Graff.

3. Wi sind noch jung.
   Dät hett noch Tied
   met Graff un Dot.
   Ierst plücken wi
   de Rosen af
   so vull un rot

4. un hegen,
   dät de Rosenstruk
   uns nich verdröjt
   un ok för de,
   de no uns kom,
   vull Rosen blöjt.

De Schauster möt miene Schauh noch flicken

1. De Schauster möt miene Schauh noch flicken,
   ein un twei un drei.
   Ick kann se ook na Griepswald schicken,
   ein un twei un drei.
   Doch Griepswald, ja dat is to wiet,
   denn krieg's nich trög to rechten Tiet,
   ein un twei un drei.

2. De Schauster möt miene Schauh noch flicken,
   ein un twei un drei.
   Ick ward em 'n flietig Gesellen schicken,
   ein un twei un drei.
   De Schauster säd: Lipp lapp ledder,
   hier hest du diene klatterigen Schauh wedder!
   ein un twei un drei.

3. De Schauster will miene Schauh nich flicken,
   ein un twei un drei.
   He kann mi mal an'n Hinnern licken,
   ein un twei un drei.
   Ick treck mien Ledderhölzken an
   un danze, wat ick danzen kann,
   ein un twei un drei.

4. Un gahn de Hölzken ook beid' entwei,
   ein un twei un drei.
   Denn is't mi ook all einerlei,
   ein un twei un drei.
   Up Söcken danzt't sick jüs so nett,
   jüs so, as in'n Stewelett,
   ein un twei un drei.

5. Un gahn de Söcken ook dorbi drup,
   ein und twei un drei.
   Denn gew'k dat Danzen noch lang nich up,
   ein un twei un drei.
   Denn danz ick barfaut, pinkepink,
   denn geiht dat gliek noch eis so flink,
   ein un twei un drei.

De See geiht hoch, de Wind de blast

Textbearbeitung: Heinrich Schacht

1. De See geiht hoch, de Wind de blast,
   oh, Kööm un Beer for mi (oh, roll the cotton down)!
   Janmaat de fleit't, is nie verbaast,
   oh, Kööm un Beer for mi (oh, roll the cotton down)!

2. Reise aus Quartier un aal' an Deck!
   De Ohl de fiert de Marsseils weg.

3. Un wenn wi nu nah Hamborg kaamt,
   denn süht man all' de Runners (Snieders) stahn.

4. Elias röppt, dor büst du ja!
   ick seh di nich tom eersten Mal.

5. Du bruukst gewiß een' neen Hoot,
   ick heff weck von de neeste Mood.

6. Un ok gewiß een Taschendook,
   un 'n neen Slips, den bruukst du ok.

7. Un ok een beeten Seep un Tweern
   un denn one pound to'n Amüseern.

8. Wie is dat mit een lütjen Kööm
   un een Zigarr, dat smeckt doch schön.

9. Afmustert ward, dat is mal kloor,
   wie gaht von Bord un schreet hurroh!

De Sidensnur geiht üm dat Hus

1. De Sidensnur geiht üm dat Hus,
   de Herr de kickt to'n Finster rut.
   Nieges Jahr! Dat is wohlgedan.

2. Wat het de Herr in siene Hand?
   Een Schrievbok ganz von Golde blank.
   Nieges Jahr ...

3. Nu wüllt den Herrn wi laten stahn
   un wüllt nah siener Fruen gahn.
   Nieges Jahr ...

4. Wat het de Fru an ehre Hand?
   Een Rosenkranz von Gold so blank.
   Nieges Jahr ...

5. Nu wüllt de Fru wi laten stahn
   un wüllt na ehren Junker gahn.
   Nieges Jahr ...

6. Se hangt sien Kränzchen an dat Swert,
   he is een schönes Frölen wert.
   Nieges Jahr ...

36 *De Sünn ward schienen*

Text: Inge-R. Sikora; Melodie: Elfi Koch

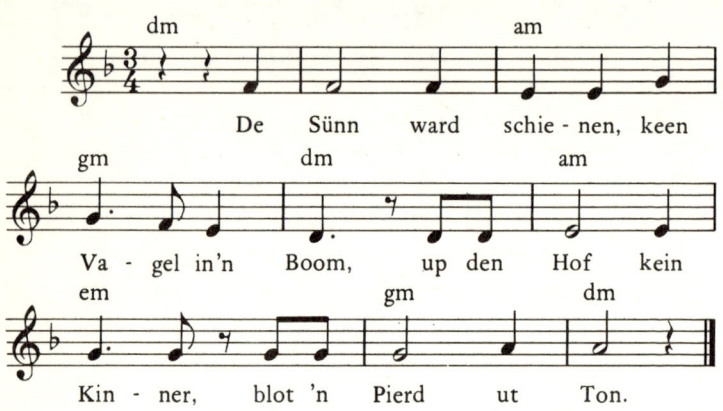

5. Strophe:

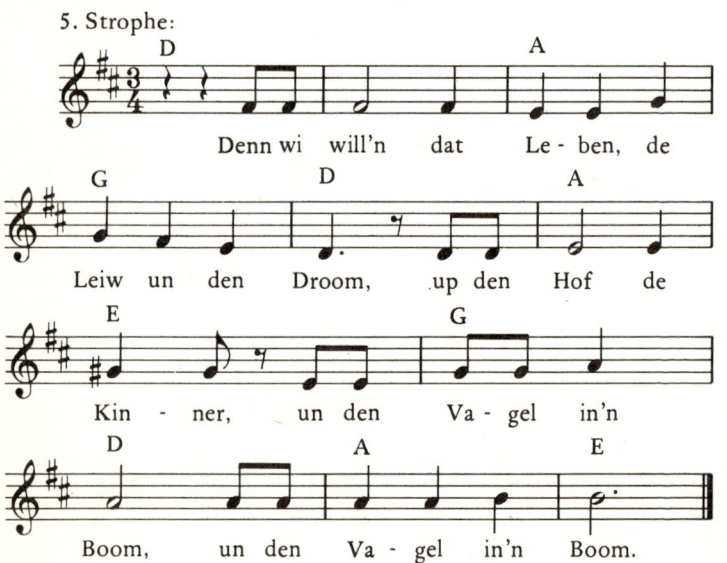

1. De Sünn ward schienen,
   keen Vagel in'n Boom,
   up den Hof keen Kinner,
   blot 'n Pierd ut Ton.

2. Keen Fleig an't Finster,
   in't Water keen Fisch,
   an de See keene Möw',
   in de Stuw blot de Disch.

3. Dor blifft nich een, de dröhmt,
   de leiwt un de lacht.
   Dor gifft 't keen' Morgen mihr,
   dor blifft blot de Nacht.

4. Disse Bomb is 'ne Waff',
   un de Dod is nich wiet.
   Dorüm hewwt jug Hänn',
   noch is dat Tied.

5. Denn wi will'n dat Leben,
   de Leiw un den Droom,
   up den Hof de Kinner
   un den Vagel in 'n Boom.

De Tiet, de rennt sacht furt mit mi

Text: Wolfgang Rieck

1. De Tiet, de rennt sacht furt mit mi
   öwer de Wisch un öwer dit Land.
   Kumm man mit, ick dröm mit di;
   för disse Fohrt bruk ick diene Hand.

2. Heff mi vun'n Dag dat nohm, wat ick kreeg:
   Unrauh un Arbeit un dien Lachen dortau.
   Hier, wo ick dalsitt un för mi swieg,
   höllt mi de Ierd, kam ick to Rauh.

3. Un min Gedanken, de sünd bi di;
   laten sick driewen as' Schipp in'n Wind.
   Hebben man den Stüermann nich mit dorbi,
   de hebben sick free makt, as Vagels sünd.

4. De Sünn, de kladdert dal den Boom,
   hett ehr Dagwark lang all vullbracht.
   Halt denn de Wind mi trügg ut mien'n Droom,
   wend mi nah Hus —— Abend kümmt sacht.

De Wächter geit to blasen

Text: Klaus Groth; Melodie: Carl Reineke

De Wächter geit to blasen
alleen inne Nacht,
de Koh geit to grasen
alleen inne Nacht,
de Maan geit alleben
alleen inne Nacht:
Dar is noch Een inn Heben,
de hollt vær all de Wacht.

39 — De Welt is rein so sachen

Text: Klaus Groth; Melodie: Carl Stiehl

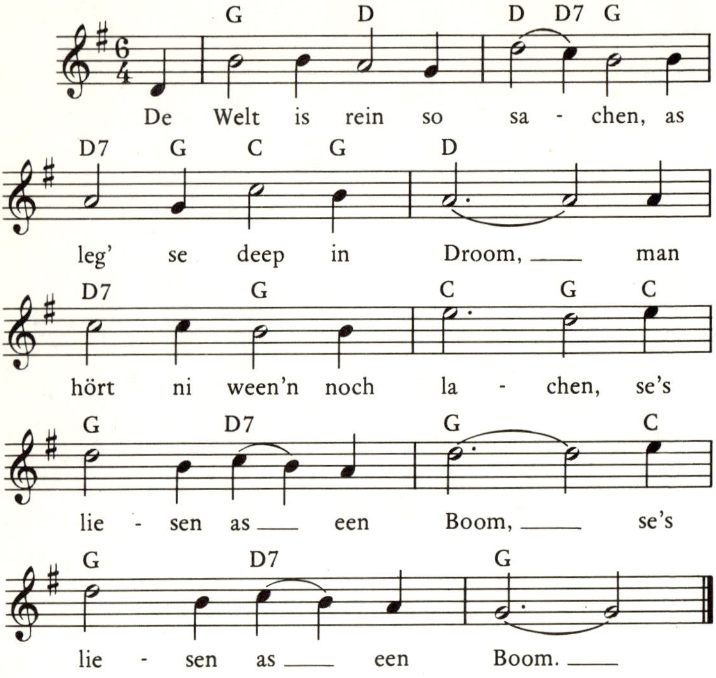

1. De Welt is rein so sachen,
   as leg' se deep in Droom —
   man hört ni ween'n noch lachen,
   se 's liesen as een Boom.

2. Se snackt man mank de Blæder,
   as snackt een Kind in Slap,
   dat sünd de Weegenleeder
   vær Köh un stille Schap!

3. Nu liggt dat Dörp in Dunkeln
   un Newel hangt dervær.
   Man hört man eben munkeln
   as keem 't vun Minschen her.

4. Man hört dat Veeh in 't Grasen,
   un allens is in Fred',
   sogar een schüchtern Hasen
   sleep mi vær de Föt.

Dei ierst Mann is dei Spinner

Text: aus Freest b. Greifswald; Melodie: Gustav Häußler (?)

1. Dei ierst Mann is dei Spinner.
   Hoi ha ho, hoi ha, hoi ha, ho,
   mit siene Fru un mit sien Hümpel Kinner,
   hoi ha ho, hoi ha ho, hoi ha ho.

2. Ein Knüpper is en Künstler grot, hoi ...
   knüppt för de Ihr un för sien beten Brot, hoi ...

3. Ein Knüpper kümmt von frömden Urt, hoi ...
   dei kümmt so licht, so licht nich wedder furt, hoi ...

Dei Kuckuck up den Tuune satt 41

1. Dei Kuckuck up den Tuune satt,
   dat rägent sihr, un hei würd natt.

2. Un as dei Sünn nu wedder schien,
   donn würd dei Kuckuck wedder fien.

3. Dei Kuckuck breid't sien Feddern ut,
   hei breid't s' woll oewer Goldsmidts Huus.

4. »O Goldsmidt, leiwe Goldsmidt mien,
   mak mi von Gold ein Kränzelien.

5. Mak mi von Gold einen Rosenkranz,
   dormit ick kam in dissen Danz.«

6. »In dissen Danz kümmt keiner rin,
   dat möt dei Bruut sülben sien.«

7. Gott gew de Brut wat ick ehr wünsch,
   upt anner Johr een gladden Prinz.

8. Upt anner Johr ein Mädelein
   bet dat dat fiefundtwintig sein.

9. All fiefundtwintig üm den Disch
   denn weet de Fru, wat Husholn is.

Dei Mond, dei schient so hell, so klor 42

1. Dei Mond, dei schient so hell, so klor,
   hei sieht so fründlich ut, as wenn hei wett,
   dat ick will gohn tau Lisle, miene Brut;
   as wenn hei wett, dat ick will gohn
   tau Lisle, miene Brut.

2. De ganze Dach hewk Hö geharkt,
   un kom denn noch tau di;
   bi di dor ward mi erst so woll,
   bi di dor lew ick upp;
   ach ät ick doch man erst mit di,
   mien Kind, ut einem Troch.

3. Ach leiw Gott, ick bid di sehr
   giff mi doch miene Brut,
   fär di is' dat ne Kleinichkeit,
   ick hullt nich länger ut;
   fär di ...

4. Du hest so väl,
   du giffst so gern,
   giffst manchen mehr as dat;
   ach leiw Gott, so giff mi bull,
   worim ick di nu bad;
   ach Gott ...

Den Dag oewer hett sei sick buten rümquält 43

Text: Karl Puls; Melodie: Gunnar und Sandra Rieck

1. Den Dag oewer hett sei sick buten rümquält,
   bien Buern geih't sommers mit Damp.
   Doch abends, denn sitt sei in iehr Kammer
   un spält un spält up iehr olle Klamp.

2. Un spält un grippt un dat simmt un klingt,
   un sei singt dortau een Lied,
   Un singt un spält und spält und singt
   Lieder ut urolle Tied.

3. Lieder, dei freuher iehr Mudder iehr süng.
   Lang'n all liggt dei ünnre Ier.
   Wat eins iehr as Kind in de Heimat klüng,
   Heimat, verluren för iehr.

4. Doch nu is vergäten dei Frömd mit iehr Plag,
   sei is wedder jung, een Kind.

Un läwt wedder in iehr sünnigsten Dag',
glücklich, as Kinner sünd.

5. Un sei singt un spält so lies', so egal,
spält den Slap in dei Ogen sick sacht.
Denn geiht sei tau Bedd un läwt noch mal
in iehr Heimat in'n Drom in dei Nacht.

Dochter, wullt du 'n Mann hem?

1. ›Dochter, wullt du 'n Mann hem?‹
   »Ja Moder, ja!«
   ›Wullt du denn en Schooster hem?‹
   »Ne, Moder, ne!
   So nennt se mi de Schoosterin
   un de Achterflickerin.
   Ne, Moder, ne!«

2. ›Dochter, wullt du 'n Mann hem?‹
   »Ja, Moder, ja!«
   ›Wullt du denn en Snieder hem?‹
   »Ne, Moder, ne!
   So nennt se mi de Sniederin
   un de Lappenstehlerin.
   Ne, Moder, ne!«

3. ›Dochter, wullt du 'n Mann hem?‹
»Ja, Moder, ja!«
›Wullt du denn en Bäcker hem?‹
»Ne, Moder, ne!
So nennt se mi de Bäckerin
un de Stutenfegerin
Ne, Moder, ne!«

4. ›Dochter, wullt du 'n Mann hem?‹
»Ja, Moder, ja!«
›Wullt du denn en Bruer hem?‹
»Ne, Moder, ne!
So nennt se mi de Bruerin
un de Brannwiensuperin.
Ne, Moder, ne!«

5. ›Dochter, wullt du 'n Mann hem?‹
»Ja, Moder, ja!«
›Wullt du denn en Schinner hem?‹
»Ja, Moder, ja!
So nennt se mi Fru Schinnerin
un de Dalerklingerin!
Ja, Moder, ja!«

45 Dor fohr von Hamborg mol so'n ohlen Kassen

Dor fohr von Hamborg mol so'n oh-len Kassen, mit Na-men heet de Magel-han, dor weer bi Dag keen Tied tom Brassen, dat leet man all bit obends stohn. Rolling home, rolling home, rolling home across the sea, rolling home to dear old England, rolling home, dear land, to thee.

1. Dor fohr von Hamborg mol so'n ohlen Kassen,
   mit Namen heet de Magelhan,
   dor weer bi Dag keen Tied tom Brassen,
   dat leet man all bit obends stohn.

Rolling home, rolling home,
rolling home across the sea,
rolling home to dear old England
(to di old Hamborg),
rolling home, dear land (sweetheart), to thee.

2. Bi Dag dor kunn dat weihn un blasen,
dor wör noch lang keen Hand anleggt,
doch so an'n Obend eben noh veer Glasen,
denn wör de ganze Plünnkroom streckt.
Rolling home ...

3. Dat weer so recht den Ohln sien Freeten,
dat gung em öwer Danz un Ball,
harr Janmaat sick graad de Piep ansteeken,
denn rööp de Ohl: Pull de Grootmarsfall!
Rolling home ...

4. Dat kunn de Keerl verdeubelt ropen,
dat weer em just so noh den Strich,
man schraal de Wind denn noch soß Streeken,
wat weer de Keerl denn gnatterich!
Rolling home ...

5. Un unsen heil'gen stillen Freedag,
wat doch uns höchste Festdag is,
un unsen heil'gen Buß- un Beeddag,
dor seggt de Ohl: Dat gifft dat nich!
Rolling home ...

6. Man so recht bi Licht bekeeken,
dor weer uns Ohl noch lang nich slecht,
harr Smutje mol een Swien afsteeken,
trangscheer he sülben dat torecht.
Rolling home ...

7. De Lüüd de kreeg'n so recht dat Lopen,
   se freiten sick, ick weet nich wie,
   se kreegen von dat Swien de Poten
   un geele Arfensupp dorbi.
   Rolling home ...

8. O Magelhan, du holder Kasten,
   dit Leed sall di een Denkmol sien!
   Bi Snee un Reg'n wascht Janmaat de Masten,
   un achtern suupt se unsen Kööm.
   Rolling home ...

Dor wieren eenst dree Suldaten

Text: Wolfgang Rieck

1. Dor wieren eenst dree Suldaten,
   de harrn een frischen Moot.
   De eerst, de wier man 19 Johr,
   de tweet', de höll nix vun Gefohr,
   un den drüdden, den güng dat goot.

2. Un Jochen, de ierst, hett mal dröömt vun dat Land,
   vun Marseille, vun Paris un de Seine,
   vun de groten Franzosen, vun Rousseau un Villon,
   blots seggen künn he nich, wat he meen.

3. Un för Johannes, den twee-Meter-Kierl,
   wier Musket un Tonister nich swoor,
   denn as Buer to Hus müßt he ganz anners ran,
   man to Hus wier de Welt för em kloor.

4. Aewer mit Heinrich tröök de Stolt in den Kreeg —
   sien Vadder wier Koopmann a. D.,
   he hett in disse Tiet nich hungern müßt,
   doch in'n Winter wier kolt man de Snee.

5. Door wieren eenst dree Suldaten,
   de harrn een frischen Moot.
   Se hebbn Mudder un Vadder nie wedderseihn,
   man se wieren sick so alleen,
   un all dree hett afmeihgt de Dood.

Dor wiren twee Königskinner

1. Dor wiren twee Königskinner,
   dee hadden eenanner so leew,
   bieenanner kunn'n se nich kamen,
   dat Water was väl to deep.

2. »Leew Harte, kannst du nich swemmen,
   leew Harte, so swemme to mi.
   Ick will di een Lücht upstäken,
   in See to lüchten för di.«

3. Dor wir ok een falsche Nonne,
   dee slek sick ganz sacht nah de Städ'
   un ded em de Lücht utpusten,
   de Königssœhn bleew in de See.

4. »Ach Fischer, leewste Fischer,
   wullt du verdeenen grot Lohn,
   so smiet du dien Netten to Water
   un fisch mi den Königssœhn.«

5. He smet siene Netten to Water,
   de Lod', dee sunken to Grund,
   he fischte un fischte lange,
   de Königssœhn was sien Fund.

6. Se nehm em in ehre Arme,
   dat Harte, dat ded ehr so weh,
   se sprung mit em in de Wellen:
   »Leewe Vader, leew Moder, ade!«

Dree Dag', dree lustige Dag'

1. Dree Dag', dree Dag', dree lustige Dag',
   nachher denn kümmt de ewige Plag':
   denn fehlt dat an Grütt,
   denn fehlt dat an Mehl,
   un so 'ne Ort Dag'
   kam'n ümmer un väl.

2. Dree Dag', dree Dag', dree lustige Dag',
   nachher denn kümmt de ewige Plag':
   denn fehlt dat an Grütt,
   denn fehlt dat an Mehl,
   denn fehlt dat an dit
   un an dat un an väl.

3. Dree Dag', dree Dag', dree lustige Dag',
nachher denn kümmt de ewige Plag':
denn fehlt dat an Grütt,
denn fehlt dat an Mehl,
denn schriegen de Kinner:
»Uns hungert so väl!«

Du kleiner Schuster, du

1. Du kleiner Schuster, du,
   du flickst mir meine Schuh,
   die Schuh, die sind entzwei,
   mach du sie wieder neu.

   Polka:
   Wer weit, wo dit noch kamen kann,
   wer weit, wo dit noch kümmt?
   Wer weit, wer mi noch nehmen deit,
   wer weit, wer mi noch nimmt?

Eia, Kindken, ick weege di

1. Eia, Kindken, ick weege di,
   harr ick een Stöckchen, denn slög' ick di.
   Ded di dat weh, dat jammert mi.
   Dorüm wäs' ruhig, denn freu ick mi.
   Eia, Kindken, slap!

2. Eia, Kindken, ick weege di,
   weer ick so möd' nich, denn drög' ick di;
   weer ick du, un du weegst mi,
   sleep ick all lang', dat glööw du mi.
   Eia, Kindken, slap!

3. Eia, Kindken, ick weege di,
   kriggst morgen een Blömken, dat plück ick di.
   Slap doch un drööm, du büst bie mi,
   ick bün so möd, dat glööw du mi.
   Eia, Kindken, slap!

51 Eia poppeia

1. Eia poppeia, wat rasselt in 't Stroh?
   Dat sünd de lütten Gösseln,
   dee hebbt ja keen Schoh.
   De Schooster hett Ledder, keen Leesten darto,
   darum möt de lütten Gösseln
   nu barfot umgahn.

2. Eia poppeia, slag 't Gösselken dot,
   leggt mi keen Eier
   un fritt mi mien Brot.
   Ruppt all sien Feddern un Duunen em ut
   un stoppt se in 't Bett
   för uns' lütt Zuckersnuut.

3. Eia poppeia, wat is dat för Not.
   Wer schenkt mi een Sößling
   to Zucker un Brot?
   Verkööp ick mien Bettpöhl un legg mi op 't Stroh,
   dar stickt mi keen Fedder
   un bitt mi keen Floh.

Eija wi, wi!

Eija wi, wi!
Wecker slöppt œwer Nacht bie mi?
Dat sall mien lüttes Kinning daun,
mien lüttes, säutes Zuckerhauhn.
Eija wi, wi!

Ein Bauer wollt zu Holze fahr'n 53

1. Ein Bauer wollt zu Holze fahr'n
un siebzehn Fuder wollt er lad'n.
Wi(de)hipp, hipp, hipp, wi(de) hupp, hupp, hupp,
un siebzehn Fuder wollt er lad'n.

2. Un as de Buer nah Huus nu kem,
dunn set sien Fru an 't Rad un spünn.

3. »Karliseken, wat kakst du denn?«
»Pöllkartüffel un Zwiebelken!«

4. »Pöllkartüffel un Zwiebelken,
die müssen gut gebuttert sin!«

5. Un as de Buer nu satt un fratt,
dunn klimpert in de Kamer wat.

6. De Buer, dee seggt: »Wat is dor in?
Wat spält so mit uns' Kamerklink?«

7. Sien Fruu, dee seggt: »Dat is de Wind,
dee spält dor mit uns' Kamerklink.«

8. De Diern, dee seggt: »Dat is nich wohr;
dat is de Pap, un dat is wohr.«

9. »Pap', wat deest du in mien'n Huus?
Ick kam ok nich bie di to Huus!«

10. »Ick will dien Fruu de Bicht verhür'n
un ehr den lütten Katechismus lihr'n.«

11. De Buer kreeg' glieks den Stäwelknecht
un haugt den Pap'n, un dat wir recht.

12. De Knecht, dee kreeg' den Schüffelstäl
un haugt den Papen grön un gäl.

13. De Diern, dee nehm den Füerbrand
un slög' den Papen de Däl entlang.

14. De Jung kreeg' sick den Hund woll ruut
un hißt den Pap'n ut 't Duer ruut.

15. De Pap', dee lep den Damm entlang;
wat huult de Wind, wat stööwt de Sand.

16. So muß es allen Pfaffen gehn,
wenn sie zu andern Weibern gehn.

1. Ein Groffsmidt set in goder Rauh,
   ein Groffsmidt set in goder Rauh
   un smöökt sien Piep Toback dortau,
   zideri, zidera, zideralala,
   zideri, zideralala.

2. »Wat kloppt denn dor an miene Dör,
   as wenn 't dei Dübel sülben weer?

3. All wedder 'n Breif von dei Hallsche Post,
   dei mi so manchen Daler kost't.

4. Wat schrifft denn dor mien leiwe Fritz,
   dei up dei hohge Schaul rümflitzt?«

5. »Du sast mal fix nah Halle kamen,
   dien Sœhn will sick dat Läben nahmen!«

6. Un as dei Oll nah Halle kem,
   donn drünk hei ierst 'n groten Kœm.

7. »Wo wahnt denn hier mien leiwe Fritz,
   dei up dei hohge Schaul rümflitzt?«

8. „Dien Sœhn, dei wahnt in'n 'Gollen Stiern',
   hei hett dei lütten Dierns so giern.«

9. »Guten Tag, guten Tag, mein Herr Papa!
   Wie geht 's zu Haus der Frau Mama?
   Wie geht es meinem Schwesterlein?
   Wie mag 's mit meinem Wechsel sein?«

10. »Von dissen Wessel holl dat Muul,
    süss slah ick di dat Ledder vull!«

11. »Was hab ich Euch zu Leid getan?
    So fährt man keinen Burschen an!
    Den ganzen Tag hab ich studiert
    und abends auch noch kommersiert!«

12. »Dat Rümpossieren, dat süsst man laten,
    süsst leiwer up den Amboß slahn.«

13. »Viel eher, daß ich Grobschmied werd,
    werd ich Soldate hoch zu Pferd.
    Und gebt Ihr mir nicht gleich das Geld,
    so seht Ihr Euren Sohn als Held.«

14. »För dit Mal sall 't vergäben sien,
    du Hawerlump, du Rœbenswien.

15. Gott segne deine Studia,
    ut di ward nicks, hallelujah!«

55 *En oller Kater, gries un swatt*

Text: Friedrich Fischer

1. En oller Kater, gries un swatt,
   nehm sick tau Fru 'ne lüttje Katt.

2. De Katt, de was noch jung un fien,
   doch Jungfer süll se nich mihr sien.

3. De Hund, de Kreih, de Aap, dat Schwien,
   de stellten sick all tau de Hochtiet in.

4. De Lämmergeier, de Lämmergeier,
   de bröcht de Brut den Kranz un Schleier.

5. De Hund, de haut'n ehr 'n af mit 'n Stiert,
   un seggt 'nen Kranz büst nich mihr wiert.

6. An 't Bierfatt seet son olles Schwien,
   dat schenkte ümmer düchtig in.

7. De Aap seet baben an de Wand,
   hei har 'nen himmelhogen Brand.

8. Don seggt de Kater, nu ward 't tau dull,
   ick bün wohrhaftig ok all full.

9. De Katt, de säd tau all god Nacht,
   donn güngen se rin in 't Brutgemach.

10. Up den Bähn, dor up dat schiere Stroh
    dor läden sick beid as Mann un Fro.

11. Se kosten und se küßten sick,
    wat s' wieder makt hebbn, weit ick nich.

12. En Flöh wier bi de Saak ganz fix,
    he kröp de Katt inne Ünnerbüx.

13. Dat bröcht den Kater bös in Wut,
    he slög den Flöhbuck upp de Snut.

14. För't Finster seet son 'ne griese Kreih,
    de seggt, wat ick hier seih, ei, weih.

15. De Zägenbuck seggt meck, meck, meck,
    wist du mal för dat Finster weg.

16. Drei vulle Dag seeg ick se nich,
    dunn keemen s' ierst wedder an 't Dageslicht.

17. Die Katze traf zuerst eine Maus,
    die sprach: Mein Gott, wie siehst du aus!

18. Dunn seggt tau ehr de Igel
    bekiek die blots in'n Spiegel.

19. De Kattenhochtiet is tau End,
    de Kater is längs nah 'ne anner henrönnt.

56 Es wollt ein Mädchen zum Tanze gehn

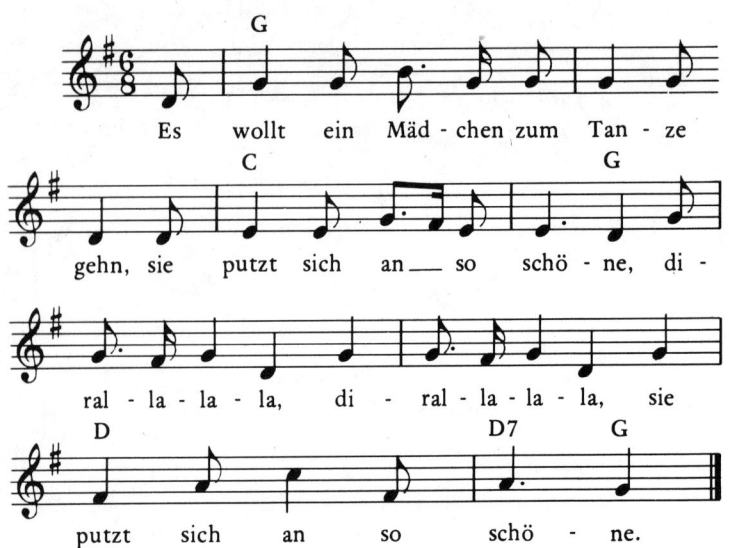

1. Es wollt ein Mädchen zum Tanze gehn,
   sie putzt sich an so schöne,
   dirallalala, dirallalala,
   sie putzt sich an so schöne.

2. Was fand sie an dem Wege stehn?
   Ein Hassel, und die war gröne.

3. »Goden Abend, goden Abend, liebes Hasselein,
   wovon bist du so gröne?«

4. »Schönen Dank, schönen Dank, liebes Mägdelein,
   wovon bist du so schöne?

5. Beim Mondenschein in finstrer Nacht
   ist hier kein Ehr vorhanden.

6. Trau du den losen Buben nicht,
   sie setzen dich in Schanden.«

7. »Habe Dank, habe Dank, liebes Hasselein,
   für deine guten Lehren!

8. Ich will heute abend nach dem Liebsten gehn,
   will gleich dann wiederkehren.«

9. »Du sagst, du wollst zum Liebsten gehn,
   du hast bei ihm geschlafen

10. und hast dein grünes Kränzelein
    in seinem Arm gelassen.«

11. »Schweig still, schweig still, liebes Hasselein,
    sie sollen dich abhauen.«

12. »Und hauen sie mich im Winter ab,
    im Sommer grün ich wieder.

13. Und wenn die Jungfer ihr Ehr verliert,
    die kriggt s' meindag nicht wieder.«

57 — Et liggt een See so stickendun

Text: Franz Freitag; Melodie: Wolfgang Scheibeler

Et liggt een See ___ so stik-ken-dun, ___ so aal-glatt un so schier, ___ grad so, as ob et gar kein See, ___ as wenn't ___ een Spei-gel wier. ___ Ick segg jo nich, ___ dat et to Huus ___ an' al-ler schön-sten wier, ___ doch wer bi uns ___ hett Zuk-ker leckt ___ un wer bi uns ___ de

1. Et liggt een See so stickendun,
   so aalglatt un so schier,
   grad so, as ob et gar keen See,
   as wenn't een Speigel wier.

   Refrain:
   Ick segg jo nich,
   dat et to Huus
   an' allerschönsten wier.
   Doch wer bi uns hett Zucker leckt,
   un wer bi uns de Luft hett schmeckt,
   de is bald wedder hier.

2. De Lichter von de anner Sied
   plinkern den See wat tau.

Kuum dat he man taurüch hett plinkt,
he liggt in gauder Rauh.

3. Dat is ein Abendfreden hüt,
ick kiek up't Woder ruut
un wüßt mi keinen bädren Platz,
hier höllt man dat woll uut.

4. Un wenn du fröggst:
Wo is dit Flach,
dat di dat Hart so sleiht,
denn kumm du mol noh Meckelnborch,
denn weißt du, wo't dat deit.

Et wer enmol en Frier, o joa

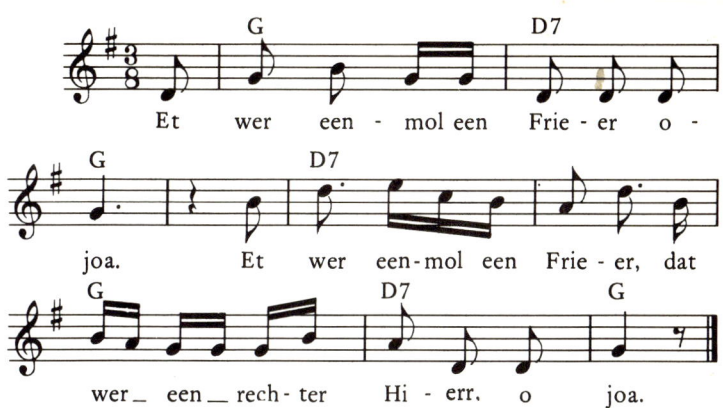

1. Et wer eenmol een Frier, o joa,
   dat wer een rechter Hierr, o joa.

2. Wäst had he eene jehle, o joa,
   met de Mäkes kun he speele, o joa.

3. Hod dad he eenem runde, o joa,
   een dem Schorsteen ähm gefunde, o joa.

4. Fleesch frat he jeden Friedag, o joa,
   Eier, Botter, wäen he Tied had, o joa.

5. He kofft mi wol een Liewke, o joa,
   he docht, eck wurd sien Wiewke, o joa.

6. He kofft mi wol een Huwke, o joa,
   he docht, eck wurd sien Duwke, o joa.

Fru Püttelkow ut Hagenow

Text und Melodie: Klaus Dietrich Lass

Fru Püt-tel-kow ut Ha-ge-now hett' ne Her-ren-kon-fek-tion, un wer 'ne nie-ge We-ste brukt, de möt to ehr hin-gohn. Doch giwt dat bi Fru Püt-tel-kow man blot nich Büx und Jack, nee, se ver-tellt glik je-der-mann den al-ler-neu-sten Snack:

Ham se schon gehört, Frau Dok-tor?
.... de Moral?

1. Fru Püttelkow ut Hagenow
   hett 'ne Herrenkonfektion,
   un wer 'ne niege Weste brukt,

de möt to ehr hingohn.
Doch giwt dat bi Fru Püttelkow
man blot nich Büx un Jack',
nee, se vertellt gliek jedermann
den allerneusten Snack:

gesprochen:
Ham Se schon gehört, Frau Doktor?
Stelln Se sik blot vör, de lüttje Deern
von Slachter Liederjohn
soll doch mit ehre föftein Johr
nachts im Park rümgohn.
Un nich alleen, nee, mit'm Kierl,
de Jung von Krischan Pahl —
nu ward de Pahl wull Grotpapa —
wo bliwt dor de Moral?

Fru Püttelkow ut Hagenow
ja, de hett dat vertellt.
Se weit Bescheid in Hagenow
un in de wiede Welt.
Fru Püttelkow ut Hagenow
hett 't ganz genau studiert.
Un wenn se wat nich weiten süll,
denn wier 't ok nich passiert!

2. Un se hett dat hürt: Hein Piepelow
hett sik'n groten Wagen köft.
Dorbi hett he all'n Bungalow
in Hogenkieserow.
Un denn tut der noch jedes Jahr
ganz grot in Urlaub fahren —
so'n junger Kierl un soviel Geld,
dat möt nich recht angahn!

gesprochen:
Nee, nee, dor süll sik mol de

ABV drum kümmern!
Hem Se dat wüßt, dat Fieten Schult
schon wedder geschieden ist?
Un dat nun al tum tweeten Mol —
is dat nich een Skandal?
Se süll so een Verhältnis hebb'n
mit so'n verheirateten Herrn.
Sin arme Fru weit nix davon,
wer dat is, wüßt' ich gern!

Fru Püttelkow ut Hagenow,
ja, de hett dat vertellt ...

3. Nu hem wi hürt, ganz Hagenow
sich bannig amüsiert
öwer so 'ne dolle Sak,
de grade dor passiert.
Denn dat, wat uns Fru Püttelkow
nu grad nich rutkrieg'n kann:
de Herr, von wat de Rede war,
dat is ehr egen Mann ...

Doch, Fru Püttelkow ut Hagenow,
de hett dat nich vertellt.
Se weit Bescheid in Hagenow
un in de wiede Welt.
Fru Püttelkow ut Hagenow
hett 't ganz genau studiert,
un wenn se wat nich weiten süll,
denn wird' ok nich passiert,
un wenn se wat nich weiten süll,
denn wier 't ok nich passiert!

gesprochen:
Oder doch??

60 Gah ick dörch mien Heimatstraten

Text und Melodie: Hannelore Hinz

so wier't nich vör vä - le Johr.

1. Gah ick dörch mien Heimatstraten,
   nu tau jede Klockentied.
   Kann dat Hoegen denn nich laten,
   un mien Hart sleiht warm un wiet.
   Dröm ick odder is dat wohr?
   So wier't nich vör viertig*) Johr.

2. Dunnmals, ut mien Heimatstraten
   klüng all lang kein fröhlich Wuurd.
   Brune Tied hadd uns to faten,
   hebben bang' up Fräden luert.
   Ach, dat Läwen, dat is wohr,
   wier ball dod vör väle Johr.

3. In de ollen Heimatstraten
   würden Minschen sachten waak.
   Läwen kreg nu wedder Aten
   un ein gaude Minschenspraak.
   Un wi buugten, dat wier swor,
   Steen up Steen all väle Johr.

4. Gah tau girn dörch miene Straten,
   mank de niegen un de ollen.
   Nee, ick künn von kein nich laten;
   FRÄDEN möt juch ümmer hollen.
   Un mien Og' süht't hell un klor;
   so geiht't wieder, Johr för Johr.

*) väle

Gah von mi

Gah von mi, gah von mi, ick mag di nich seihn,
kumm tau mi, kumm tau mi, ick bün so allein.
Rudirallalala, rudirallalala,
ick heff einen annern, un dei danzt so schön.

Gaus up 'e Däl

1. Gaus up 'e Däl, Gaus up 'e Däl
   Ganter dorbie,
   Knecht, lat dat Mäten gahn,
   segg ick tau di.

2. Uns' oll Vadderbraudersœhn,
   dei spält dor Griep,
   sitt up den Stubenbœn,
   smöökt sien gäl Piep.

3. Piependanz, Rosenkranz,
   luuter lütte gäl Blaumen!
   Wat sall ick mit mien Leewken
   in 'n Sommerfeld daun?

4. Anner Lüüd' Feller, anner Lüüd' Feller,
   dragen gaud' Kuurn,
   uns' is wieder nicks
   as Dissel un Duurn.

5. Dissel un Duurn, Dissel un Duurn,
   is kein gaud' Kruut,
   dor stäk ick mien Leeweken
   den Kranz jo mit ut!

63. Gistern abend wir Vedder Michel dor

1. Gistern abend wir Vedder Michel dor,
   Vedder Michel wir gistern abend dor.
   Gistern abend wir Vedder Michel dor,
   Vedder Michel, dei wir dor.
   Hei föt dei Diern woll an dat Kinn,
   herrjeh, wat harr hei in sien'n Sinn?
   Gistern abend wir Vedder Michel dor,
   Vedder Michel, dei wir dor.

2. Gistern abend ...
   Hei föt dei Diern woll an dei Hand,
   huch herrjeh, dat wir scharmant.
   Gistern abend ...

3. Hei nehm dei Diern woll in den Arm,
   huch herrjeh, wat gew 't för 'n Larm.
   Gistern abend ...

4. Hei föt dei Diern woll an dat Been,
   huch herrjeh, wur wir dat schön!
   Gistern abend ...

64 — Goden Abend all tosam'n

Goden Abend all tosam'n!
Nu fangen wi an!
Mit de lütten Vigelinchen,
mit den groten Brumban.
Nu rappelt de Keddel,
nu klappert de Pott!
Nu danzet dat Mäken,
nu fleiget de Rock!

Grad as in'n Drom

Text: Lisa Milbret; Melodie: Roland Seth

- - - gen   ok.

1. Grad as in'n Drom
   spält Wind dörch dien Hoor,
   un ick luer up een Wurt,
   över du swiggst.

2. Dien Oogen sünd too,
   doch sühst du mi an,
   un as een Vagel
   flücht't uns de Tied.

   Kumm an mi, ick warm di,
   ick warm di dat Hart,
   wi hürn doch tosam',
   tosam' hüt an'n Dag un morgen ok.

1. »Greten, kumm mal vör de Dör,
   kumm mal 'n bäten ruut!
   Lat uns beid tausamenkamen,
   denn du büst mien Bruut!«

2. »Nee, dat will'n wi blieben laten,
   de Ollsch, dee paßt mi up.
   All de Dören sünd verslaten,
   dor kümmt keener ruut!«

3. »Töw, ick will de Ledder halen,
   dee vör 'n Durweg steiht,
   dee will'n wi an 't Finster setten,
   dat nah de Strat ruutgeiht.«

4. Un dat würd' de Ollsch gewohr
   un dat ut 't Bett herut.
   Hans, de dacht, de Düüwel kem,
   dat sehg' ok meist so ut.

5. De Ollsch, dee kem woll vör de Dör
   mit 'n groten Schacht.
   Hans, dee kreeg' weck up dat Ledder,
   dat dat ollich kracht.

6. Hans, dee leep den Hoff henlang,
   ut den Durweg ruut.
   Sien Büx, dee bleew up 'n Tuun behangen,
   un dat sehg' putzig ut.

Hal mi den Saalhund

1. Hal mi den Saalhund
   ut 'n Stranne
   to Lanne!
   He hett mi all de Fisch upfräten,
   hett mi 't ganze Nett terräten.
   Hal mi den Saalhund
   ut 'n Stranne
   to Lanne.

2. He hett dat ganze Nett terräten,
   he will uns jo all upfräten.

3. Wi will'n uns hüüt den Rööwer langen,
   will'n uns hüüt den Saalhund fangen.

68 Hans Nahber, ick hebb et juu togebröcht

Der eine:
1. Hans Nahber, ick hebb et juu togebröcht.
   Sett gi man den Duumen un Finger torecht!
   Hei, kuck eenmal drin:
   noch Oele, noch Oele, noch Oele darin!

Der andere:
2. Bist 'n Suuper, suup ut, du Lumpenhund!
   Bist 'n Suuper, suup ut bet up den Grund!
   Hei, kuck he mal drin:
   nicks Oele, nicks Oele, nicks Oel mehr darin!

Harr ick man dree Wünsche

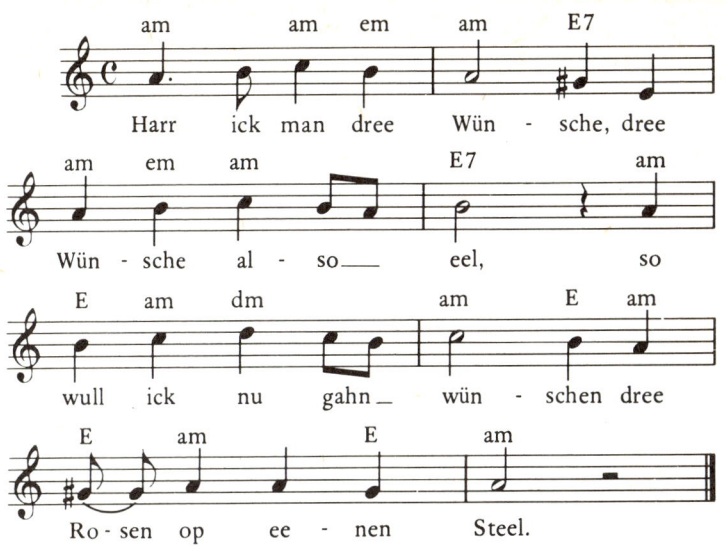

1. Harr ick man dree Wünsche,
   dree Wünsche also eel,
   so wull ick nu gahn wünschen
   dree Rosen op eenen Steel.

2. De een, dee wull ick plücken,
   de anner laten stahn,
   de drüdde wull ick schenken
   der Leewsten, dee ick han.

He sä mi so vel

Text: Klaus Groth; Melodie: Julius Otto Grimm

1. He sä mi so vel,
   un ik sä em keen Wort,
   un all wat ik sä, weer:
   Jehann, ik mutt fort!
   He sä mi vun Lev
   un vun Himmel un Eer,
   he sä mi vun allens,
   ik weet ni mal mehr!

2. He sä mi so vel,
   un ik sä em keen Wort,

un all wat ik sä, weer:
   Jehann, ik mutt fort!
   He heel mi de Hann',
   un he be mi so dull,
   ik schull em doch gut wen,
   un ob ik ni wull?

3. Ik weer je ni bös,
   awer sä doch keen Wort,
   un all wat ik sä, weer:
   Jehann, ik mutt fort!
   Nu sitt ik un denk,
   un denk jümmer deran,
   mi düch, ik muss seggt hebbn:
   Wa geern, min Jehann!

   Un doch, kumt dat wedder,
   so segg ik keen Wort,
   un hollt he mi, segg ik:
   Jehann, ik mutt fort!

71. Hebbt ji mien'n Buern ok sehn

1. Hebbt ji mien'n Buern ok sehn mit sien'n
   twei'n Hot?
   Hot un keen Rand daran, Buer is keen Eddelmann,
   Buer is een Buer, is een Schelm vun Natur!

2. Hebbt ji mien'n Buern ok sehn mit sien'n
   twei'n Rock?
   Rock un keen Slipp daran, Buer is keen Eddelmann,
   Buer is een Buer, is een Schelm vun Natur!

3. Hebbt ji mien'n Buern ok sehn mit sien'n
   twei'n West?
   West un keen Knöp daran, Buer is keen Eddelmann,
   Buer is een Buer, is een Schelm vun Natur!

4. Hebbt ji mien'n Buern ok sehn mit sien'n
   twei'n Büx?

Büx un keen Klapp daran, Buer is keen Eddelmann,
Buer is een Buer, is een Schelm vun Natur!

5. Hebbt ji mien'n Buern ok sehn mit sien'n
                              twei'n Schoh?
Schoh un keen Sahl'n daran, Buer is keen Eddelmann,
Buer is een Buer, is een Schelm vun Natur!

6. Hebbt ji mien'n Buern ok sehn mit sien'n
                              twei'n Hemd?
Hemd un keen Mau'n daran, Buer is keen Eddelmann,
Buer is een Buer, is een Schelm vun Natur.

72 *Heidel didel deper*

1. Heidel didel deper,
   mien Vadder wier Scheper,
   heidel didel dap,
   hei hödd dei Schap.

2. Heidel didel dulf,
   don kem dei Wulf,
   heidel didel dap,
   un nehm sick 'n Schap.

3. Heidel didel dadder,
   don kem mien Vadder,
   heidel didel dock,
   hei langt nah 'n Stock.

4. Heidel didel dümp,
   hei makt sick uppe Strümp,
   heidel didel dah,
   un leep em nah.

5. Heidel didel dem,
   don kreeg' hei em,
   heidel didel dot,
   un schlog em dot.

Herr Smidt, Herr Smidt

1. Herr Smidt, Herr Smidt, wat kriggt dien Julchen mit?
   Een Waschlapp'n un ein Bessenstäl,
   dat is (för Julchen)* nich tau väl!

2. Duusend Daler un 'n Putt vull Grütt'
   dat kriggt (Herr Smidt) sien Dochter mit.

3. Ein'n Sleier un ein'n Fedderhaut,
   dat kleed't (dat Mäten) gor tau gaut.

4. Ein'n Pott, ein Pann, ein Kaffekann,
　 mihr kann man nich (von Smidt) verlang'n.

*) Bei der Wiederholung fällt das Eingeklammerte fort.

Hier liggt en Appel, dor liggt en Beer

1. Hier liggt en Appel, dor liggt en Beer;
   dor kummt Hans un Greten her.
   Beer un Appel, Beer un Appel,
   smiet doch mal welk in de Grabbel.
   Ro di del didel do didel do
   ro didel didel do didel do ...

2. Hans, de sä: »Min söte Brut!«
   Greten, de sä: »Du fule Snut!«
   Beer un Appel ...

3. Greten, de sä: »Du leege Sleef!«
   Hans harr Greten doch so leev.
   Beer un Appel ...

4. Hans un Greten slögen sik,
   güngen to Bett, verdrögen sik.
   Beer un Appel ...

5. Hulter dipulter de Trepp hendal.
   Hans un Greten küssen sik mal.
   Beer un Appel.
   Smiet doch mal welk in de Grabbel!

Hoch kloppt dat Hart

1. Hoch kloppt dat Hart,
   hell lücht't dat Oog,
   Wihnachten is jo hüt.
   Wihnachten is von't ganze Johr
   de allerschönste Tiet.

2. Uns' Vadding sorgt all lang vörut
   köfft in för Fru un Kind
   sien gröttste Freud is alltomal
   wenn froh sien Leewen sünd.

3. Uns' Mudding putzt den' Dannboom an
   un halt de Kinner ran.

Wo kloppt dat Hart, wo lacht de Mund!
Hurrah de Wihnachtsmann.

4. Grotmudding sitt still in de Eck,
tehrt von Erinnerung.
Doch von den Jubel un de Freud
ward sülwst se wedder jung.

5. Hoch kloppt dat Hart,
hell lücht't dat Oog,
Wihnachten is jo hüt.
Wihnachten is von't ganze Johr
de allerschönste Tiet.

Hört, hört, wat ick juch seggen will

1. Hört, hört, wat ick juch seggen will,
   west ji ma as de Müüsken still!
   Ick will von groten Dingen schnack'n,
   as David sick wulle mit Goliath hak'n.
   Un Goliath was sewen Ellen lang,
   vör em was jedem angst un bang.

2. David sin Vader, ein ull Mann,
   dei säd: »Min Söhn, du mutst hengahn

nah't Lager to den Bräudern dien
un seihn, af sei am Lewen sin.
Nimm äwer Brot un Käs' mit in de Fick,
dat sei des Hungers wehren sick!«

3. As David tau dem Lager kamm,
da stund dei grote Riesemann.
O Herr, wat het hei för lange Bein!
Hei stött ein Splattstock up 'ne Stein:
»Bist beter as e Schelm, so scher di h'rut!
Kein Haar fürcht' sick up miner Huut.«

4. Goliath wedder to David sprak:
»Mi Füske, du bist allto schwack!
Du Krabbe wat wist du maken hier?
Siehst du ma blinka min Rappier
un mi in vuller Rüstung stahn,
Dat du fast ohne Fuchtel gahn!«

5. Klein David em dagegen streed
un em flugs tor Antwort säd:
»Dine grote Wörde säle mi nischt make!
Ick war mi nich von di prelle late.
Ick war di so'ne Püffe gewen,
dat di sall Sied un Linge bewen!«

6. Hei greep nu drell nah kleine Stein
un steckt se in de Foob hinein.
Hei faut sin Schapschinder in de Fuust
un' schmeet em vör'n Kopp, dat hei puust'.
Hei schmeet em e grot Loch im Kopp hinein,
davon mußt hei det Dodes sein.

7. Un as hei nu up Godds Eerdboddem lach
un David sin grote Metzer tach,
schneed he em de Kopp vom Rump heraf
un greep darup sin' Hirtestaff.
Sin Bräuder kaime freudig uk heran —
de andre Schelme läupe darvan.

Hür Sœhn, hier hest du mien Galljot

Text: Heinrich Schacht

1. Hür, Sœhn, hier hest du mien Galljot
   un ok mien ollen Seemannshoot.
   Nu fohr dormit nah Ost un West
   un wo du wat to fohren hest.

2. Sie jo keen Bangbücks, wenn dat weiht,
   wenn all'ns ok koppheister geiht,
   so denk, du büst in Gottes Hot,
   he schützt een truuges Seemannsblot.

3. Bliew got un wäs up See een Held,
   fohr glücklich un verdeen dien Geld.
   Ick swalk nu up de See nich mihr,
   mien letzte Reis' geiht in de Ier.

Hüt bün ick noch lütt

Text: Walter Rothenburg; Melodie: Erich Walden

Hüt bün ick noch lütt, een School-jung blos, doch nachts, wenn ick dräum, bün ick all Matros'. Ick war loter Schipper un krigg 'n eegnes Schipp, dann nehm ick all de Minschen, de luurn doht, fuerts mit. Un denn foahr ick mit vull Spiet no de annere Ilvsiet, un wenn se mi denn seht, hüer

Man nennt mi Anbinner den Fähr-jungen blos, dat lett mi ganz kolt, denn ick nenn' mi Matros.

1. Hüt bün ick noch lütt, een Schooljung blos,
   doch nachts, wenn ick dräum, bün ick all Matros'.
   Man nennt mich Anbinner, den Fährjungen blos,
   dat lett mi ganz kolt, denn ick nenn mi Matros.
   Ick war loter Schipper un krigg 'n eeg'nes Schipp,
   dann nehm ick all de Minschen, de luurn doht, fuerts mit.
   Un denn foahr ick mit vull Spiet no de annere Ilvsiet,
   un wenn se mi denn seht, hüer to, wat se denn schreet:

   Refrain:
   Foahr mi mol röber, foahr mi mal röber,
   foahr mi mal röber, no'n Kohwarderheuft.
   Foahr mi mal röber, foahr mi mal röber,
   ick stoh all lang hier un teuf.
   Wü foahrt blos mit di, du kannst dat so nett,
   so ruhig, so sicher un ok so adrett.
   Foahr mi mol röber, foahr mi mol röber,
   foahr mi no'n Kohwarderheuft.

2. Dat wüer Sünnobend Obend, so geg'n half söb'n,
   ick smeet all dat Tau los, wü wull'n grod no dröb'n.
   Doar keem so'n lütt Diern an, so pummelig un seut,
   se seggt: »Ach, du mein Lütten,
   du teufst doch noch 'n büdden?«
   Ick segg: »Dat is doch kloar«, un doar süng se mi vor:
   Du, Charlie,
   foahr mi mol röber ...

3. So foahr ick nu hin un so foahr ick nu trück,
   mien Käppen, de Oof, steiht bob'n up de Brück.
   »Hest Tau all los?« So deiht he mi frogen,
   ick denk still bi mi, och foot di doch an'n Mogen.
   Is Fierobend nun, de Foahrt, de is denn ut,
   denn steiht doar un teuft mien lüttje seute Brut.

Hullerdebuller un dideldumdei

Text: Erna Taege-Röhnisch; Melodie: Alfred Sitte

1. Hullerdebuller un dideldumdei,
   hüerst du den Dudelsack, Antjemarei?
   Wat kiddelt mi 't in'n Fot,
   wat springt mi 't in dat Blot,
   wat deit de Musik un dat Danzen doch got!

2. Hullerdebuller, wat döscht mi so dull!
   Broder, stöt an, dät Faß is noch vull!
   Fru, breng dät Eten, Pannkoken un Woscht,
   Kröger, den Hohn up, wat hebbn wi för'n Doscht!
   Hullerdebuller, dät Faß is noch vull,
   Broder, dien Pott her, wat süppt sich dät dull!

3. Hullerdebuller, holl her diene Schnut!
   Lot se doch kieken, du bist miene Brut!

Dausend, oll Jochen kömmt ook met sien Ann!
Kiek mol, Jehann trugt sich wedder nich ran:
wenn em dät öv is, denn süppt he sich dun,
liggt morgen fröh hinnern Kröger sien Tun.

4. Hullerdebuller un gnidelidelin,
  ei, mien lütt Trienken, wat danzt du al fien!
  Hüer mol den Dudelsack, wat he sich quest!
  Drink mol enns, Broder, denn geiht wär up 't best!
  Hullerdebuller un dideldumdei —
  Kinner, wat blöjt dät, wo schön is de Mai!

Hurrah! Dat Seefohrn is mien Leben!

1. Hurrah! Dat Seefohrn is mien Leben!
   Stolz bün ick, denn ick bün Matros!
   Ob himmelhogen Wellen sweben,
   dat geiht, Gottstralax ganz famos.

2. Wenn Blasius ook pußt un bullert,
   wenn alles knastert, knarrt un kracht,
   wenn alles op dat Deck rumkullert,
   dar heff ick mi noch nix bi dacht.

3. Denn stäk ick achter beide Kusen
   recht na de ohle Seemannsmood,
   en ganzen fixen swatten Krusen,
   de gifft Kuraasch un köhlt dat Blot.

4. Un wenn et heet, de Seils inreben,
   denn geiht et ruff na baben to,

denn do ick mi keen Blöße geben,
ick sing mien Leed un bün ganz froh:

5. So lääf ick lustig ohne Sorgen,
ick fleit un juch bi Dag un Nacht,
un is et Abend oder Morgen,
recht munter do ick jede Wacht.

6. Kaam ick an't Land, schaff ick gemütlich
mi erst en neees Pakje an,
wat denn noch nablifft, bring' ick nüdlich
ganz sicher an den rechten Mann.

7. Un sull ick op de See mal blieben,
denn ruh ick dar ook sanft un nett,
denn lat se mi hennunner glieden
in't grote koole Meeresbett.

Ick bin een Buersmann

1. Ick bin een Buersmann,
   dat süt me mi woll an,
   män dat is mi ganz klor
   de Wält is vull de dor.

2. Ja, frühr do wät no warr,
   Do frieten de Burn no satt,
   Ower nu is 't al vorbi,
   is luter Keiperi.

3. De Bur mitsamt sin Wiw,
   Hangt alles an dat Liw.
   Un dann is dobi auk
   de Afgunst viell de graut.

4. Watt sind de Wiwer dor,
   Mit Blagen vön acht Johr;
   De Rökskes wäd so kleen,
   dat man den Äs kann sehn.

5. Süt man de Frulüe an
   wu man dat lien kann,
   mit ihren stiwen Staut
   niemt se in de halwe Straut.

6. Wat seht de Buren ut
   mit ihren ruwwen Snut,
   un date nich alleen,
   se häbt auk scheewe Been.

7. Wänn dat no lange so bliw
   un kine Sündflut giw,
   dann wet ick ganz gewiss,
   de Wält geht in Verschiss.

Ick bün een Walfischfänger

Text und Melodie: Knut Kiesewetter

1. Ick bün een Walfischfänger,
   ick fahr in't Fröhjahr rut,
   laat dat Land un den Haven achter mi,
   huult dar uk meist mien Bruut.

2. An'n Petersdag, denn geiht dat los,
   denn ward een Füür fängt,
   denn harrn wi al unse Fruunslüüd
   den letzten Söten schenkt.

3. Denn fahrt uns Schipp na Grönland hen,
   dör stieven Wind un See,
   un dat Weggahn von unse warme Stuuv
   deit uns bald nich mehr weh.

4. Vör dat de erste Walfisch blast
   un sick dör't Water wöhlt,
   dar neihn wi uns 'n Masse Grog in'n Buuk,
   so warrn wi nich verköhlt.

5. Un wenn de erste Walfisch blast,
   denn spring'n wi in dat Boot,
   denn is dat fule Leven vörbi,
   denn geiht dat in de Floot.

6. So geiht dat meist den Summer dör,
   wi wöhlen Dag un Nacht.
   Mit Schuften, Slapen, Wachestahn
   vergeiht de Summer sacht.

7. Wenn ick mal in mien Koje ligg,
   denk ick an mien Marie.
   Up den Harvst un up dat Weddersehn
   freu ick mi al darbi.

8. Un kummt de Harvst denn över't Meer
   mit Wind un Stormgebruus,
   denn seggt de Käpten: Nu geiht dat los,
   nu geiht dat af to Huus.

9. Denn sind wi bald in unsen Kroog
   bi Tee un geelen Köm.
   Von Seefahrt un von Walfischfang
   vertell ick Krögers Söhn.

83   *Ick güng mal eens nah Hamborg rin*

1. Ick güng mal eens nah Hamborg rin,
   bi hellich kloren Mandenschien.
   Dor wull ick strippen strappen strudiallala
   juch trallala juch trallala, dor wull ick
   juch trallala de ganze Nacht!

2. Dor keem ick nah Sankt Liederlich,
ick lustig Fritz, Fratz, Friederich,
keem midd'n in't Strippen Strappen ...

3. Dor drünk ick Wien, dor drünk ick Beer,
dat smeckt nah mehr un jümmer mehr,
dat smeckt nah Strippen Strappen ...

4. Un as ick keem op'n Speelbodenplatz,
forts harr 'k an jeden Arm en' Schatz,
de wulln op Strippen Strappen ...

5. De een weer blond, de anner brun,
dat wohr nich lang, dor harrn s' mi duhn,
wat kunn' de strippen strappen ...

6. Un as mien Kopp weer wedder klor,
dor weern de beiden nich mehr dor,
se weern op Strippen Strappen ...

7. Un as dat güng an't Geldbetahln,
mien Knipp, mien Klock un Keed weer'n stahln
un allens bi't Strippen Strappen ...

8. Dor tröcken se de Jack mi ut
un smeeten mi ut Beerhus rut.
Ut weer't mit Strippen Strappen ...

9. Dör güng ick nah de Polizei,
de sä, dat weer ehr eenerlei,
dat keem von't Strippen Strappen ...

10. To Hus segg't s' »Fritz, Fratz, Friederich,
wat büst du denn so liederlich?
wat makt dat Strippen Strappen? ...«

11. Ick bün ja gor nich liederlich,
ick heet blot Fritz, Fratz, Friederich
heff nog vun't Strippen Strappen ...

84 Ick hebb so lang nich an di dacht

Text: Erna Taege-Röhnisch; Melodie: Fritz Röhnisch

1. Ick hebb so lang nich an di dacht —
   wat föllt mi alls wär bie?
   Een Vogel singt up't Feld to Nacht,
   mi dücht, he singt van di ...

2. De Vogel singt so söt, so söt,
   de Mond stiggt hinner 't Holt.
   Ach, miene gor to drelle Föt,
   mien Hert, so ruhg un stolt ...

3. Wenn ick doch bloß de Nachtruh fünn,
   Krickheimken schriggt so siehr!
   Wenn all de veele Stern nich stünn,
   denn süng he woll nich miehr ...

4. Wind, wöhl nich so in Loov un Ohrn!
   Wat hebb ick di denn don?
   Rut müdd ick, müdd dörch Dau un Dorn
   dät Lied, dät ick vörtied verlorn,
   den Vogel söken gohn ...

Ick hebbe se nicht up de Scholen gebracht

1. Ick hebbe se nicht up de Scholen gebracht,
   ick heb nicht einmal över se gelacht,
   se gaat nicht spelen up der Straten.
   Ick hebbe se up de wilde See gesandt,
   ehren levesten Vader to söken.

2. Dat eine starf den bitteren Dot,
   dat ander starf van Hunger so grot,

    dat drüdde word gehangen,
    dat verde blef up de wilden See dot,
    dat fifte flüt achter dem Lande.

3. Wan he up den Kerkhoff quam,
    he reip God sinen hemmelschen Vader an
    un bedet al mit Fliete,
    dat en God wolde de Sünde vorgeven
    un halen en in sin Rieke.

4. De Sündagsmissen sind wol gud,
    wan men se hörde ton Ende ut
    un bedet al mit Fliete,
    dat uns God wolde de Sünde vorgeven
    un halen uns in sin Rieke.

86 *Ick heff mol een Hamborger Veermaster sehn*

1. Ick heff mol een Hamborger Veermaster sehn,
   to my hooday, to my hooday.
   De Masten so scheew
   as den Schipper sien Been,
   to my hooday, hooday, ho.
   Blow, boys, blow for Californio,
   there is plenty of gold,
   so I am told,
   on the banks of Sacramento.

2. Dat Deck weer von Iesen,
   vull Schiet un vull Smeer,
   dat weer de Schietgäng
   ehr schönstes Pläseer.

3. Dat Logis weer vull Wanzen,
   de Kombüs' weer vull Dreck,
   de Beschüten dee löpen
   von sülben all weg.

4. Dat Soltfleesch weer grön,
   un de Speck weer vull Maden,
   Köm geew dat bloß
   an 'n Wiehnachtsabend.

5. Un wull'n wi mal seil'n,
   ick segg dat jo nur
   denn löp he dree vörut
   un veer werrer retur.

6. As dat Schipp,
   so weer ok de Kaptein,
   de Lüüd' för dat Schipp
   wörr'n ok bloß schanghaied.

Ick mot lieden

Ick mot lieden
unde mot mieden
so lange, dat it beter werde.
Ick will buuwen up de Vogelien Sang,
truurent, hopent, du makst mi krank,
(den se und ho!)

Ick sach min Heern van Valkensteen

Melodiebearbeitung: Gruppe Spälkram

1. Ick sach min Heern van Valkensteen
   to siner Burg upriden,
   'nen Schild hadd he in siner Hand,
   blank Schwert an siner Siden.

2. »Gott gröt ju, Heer van Valkensteen,
si ji des Landes Here,
so givt mi den Gefangen min
üm aller Jungfraun Ehre.«

3. »Den Gefangen, den ick gefangen hebb,
de is mi worden suer,
he ligt to Valkensteen im Torn,
darin sall he vervulen!«

4. »Ligt he to Valkensteen im Torn,
sall he darin vervulen,
so will ick gen de Muren tredn
un helpen Leefken truren.«

5. Un als se gen de Muren trat,
hort se er Leefken drinne.
»Sall ick ju helpen? Dat ick nich kann,
dat nimmt mi Witz un Sinne!«

6. »Na Hus, na Hus, Fru Leefste min,
un tröst ju arme Wisen!
Nemt ju up't Johr 'nen andern Mann,
de ju kann helpen truren!«

7. »Nähm ick up't Johr 'nen andern Mann,
möt ick bi em slapen
un leet doch min Truren nich,
flög he min arme Wisen.

8. So wullt ick, dat ick en Harnisch hedd
un dat de Jungfraun ridden,
so wullt ich met Heern van Valkensteen
um min sin Leefken striden.«

9. »O ne, o ne, schon Jungfrau zart,
des möt ick dragen Schande,

  nehmt ji ju Leefken bi der Hand
  un treckt met ut den Lande!«

10. „Ut dinen Lande treck ick nich,
  du gifst mi dann en Schriven,
  wenn ick nu komm in fremde Land,
  dat ick darin kann bliven.«

11. Als se in en grot Hede kam,
  wal lut deed se do singen:
  »Nu kan ick den Heern van Valkensteen
  met minen Worden twingen!«

Ick stah up een oll leddig Fatt

Text: Otto Schröder; Melodie: Klaus-Peter Winter

hüp - pen von al - leen.

1. Ick stah up een oll leddig Fatt,
   un üm mi in't Gedräng
   dor danzt un springt un dreiht sik dat
   as was de Welt tau eng.

2. Wie farwt so rot sick Arm un Kopp,
   wie frisch de Harten slahn.
   Hei Dirning mit den hellen Zopp,
   wie di de Ogen gahn.

3. Na täuw man wenn de Nacht tau Richt,
   min Hart giwwt di de Krohn.
   Ja täuw man wenn de Fidel swiggt,
   denn will de Spälmann Lohn.

4. Von din heit Lippen krallenrot
   krigg ick den besten Drunk.
   In dinen Armen liggt sick dat god,
   säut Dirn so drall un jung.

Refrain:
Min Fidel singt von Leiw un Wien,
dat geiht juch in de Been.
So smidig dedens lang' nich sin,
sei hüppen von alleen.

Ick treck mit mienen Ewer

Text: Hein Hoop; Melodie: Jörg Ermisch

1. Ick treck mit mienen Ewer
   de Netten dörch Kloak
   in't Watt vör Westerheever.
   Hier ward Naturschutzpark.

Refrain:
Ju warrn sik noch verluuern,
wat ju de Tokunft bringt.
Se lött nich up sik luuern
un wiß is, dat se stinkt.

2. Hiev up! De Netten spannen:
En Grootfang, wenn man will;
blots wo schall ik em lannen?
Dat Gaarn hangt randvull Müll.

Ju warrn sik noch verluuern ...

3. Spiralen von en Sofa
un Plastiksäck en Gro,
bito en helet Mofa,
de Deckel von en Klo.

4. Kiek, düsse Tierkadaver
weer en groot Robbenbull,
He weer en Baaskeerl, aver
he stinkt. Sien Maat is vull.

Ju warrn sik noch verluuern ...

5. En Fisch is nich to finnen
mang all dat Tüdellüd.
In't Watt is nix to winnen
as Aas un Müll un Schiet.

6. De Fang von Seegarnelen
hett hier schon gar keen Sinn.
Wat schüllt wi uns dar quälen?
»Jung, smiet dat Gaarn mit rin!

Ju warrn sik noch verluuern ...

7. Un denn, Jung, nimm de Mütz af,
de See is ölig blank,
sahn dar en vulle Pütz af
för unsen Dieseltank.

8. Laat uns na'n Haven tuckeln.
Ik heff noch föfftig Mark.
Wi wüllt en lüttjen nuckeln
up den Naturschutzpark!«

Ju warrn sik noch verluuern ...

Ick und mien Lisbeth
willt Summerfeld ga'en

1. Ick und mien Lisbeth willt Summerfeld ga'en,
   Summerfeld ga'en,
   willt hocken und binden als ander Lüüd' doen.

2. Ander Lüüd' hocket und bindet dat Koern,
   bindet dat Koern,
   ick und mien Lisbeth sitt'n achter den Doern.

3. Achter den Doern daer waßt mael schön Kruut,
   waßt mael schön Kruut,
   daer bind ick mien Lisbeth een Kränzelien ut.

Ick weet een Leed

Ick weet een Leed, dat nie-mand weet, dat lihrt mien Bro-der Ott.
He süll dat Pierd den Toom üm-don, dat slög' em vör den Kopp.
He süll dor-mit nah Fran-ken ried'n, dor weir nümms in,
as een oll Fruu, dee bod-der,
de Hund, dee lickt dat Schot-tel,
de Fled-der muus, dee fägt dat Huus bet up de gro-te Schüün-däl, dor dösch-ten poor Ka-püün, dee dösch-ten dor got Ha-wer-kaff, dor bruug-ten se got Beir af, dat Beir füng an to

Ick weet een Leed, dat niemand weet,
dat lihrt mien Broder Ott.
He süll dat Pierd den Toom ümdon,
dat slög' em vör den Kopp.
He süll dormit nah Franken ried'n,
dor weir nümms in,
as een oll Fruu, dee bodder,
de Hund, dee lickt dat Schottel,
de Fleddermuus, dee fägt dat Huus
bet up de grote Schüündäl,
dor döschten poor Kapüün,
dee döschten dor got Hawerkaff,
dor bruugten se got Beir af,
dat Beir füng an to bruus'n,
dree Bargen œwer 'n Huus'n,

175

Arebur in 't Nest,
verdrünk in all den Gest,
Kreih up den Tuun,
versöp in all den Schuum,
Vagel up den Dönssenklink,
de oll Fruu weir stockenblind.

Ick weet een stolte Wewerin

1. Ick weet een stolte Wewerin,
   dee wull veel leever Möllerin sien
   darnedden in gröner Aue.
   Et wär' veel beter, se bleew to Huus
   un hülp dat Garn opbuen.

2. Un as dat Garn nu upbuut wär,
   de Möller an den Laden stunn,
   he dä' sien Mäken winken:
   »Herin, herin, mien Mäken fien,
   help mi den Wien utdrinken!«

3. Un as de Wien utdrunken wär,
   do kem de Buur un brooch een Sack,

dat Korn war wohl gemeten.
De Möller dacht' in sienen Sinn:
Harr ick darvon dree Matten!

4. He gew dat op, he mohlt em af,
he dä' een bäten in den Sack,
De Sack dee dä' sick böögen.
Harr em de Buur to heime!

5. Un as de Buur nah de Mœhl henkem:
»Ach Möller, wo is mien Sack so licht?
Du hest mi 't half wegstahlen.«
»Du lüggst, du lüggst, du leidige Buur!
Ick heff 't man so lütt mahlen.«

6. De Buur woll œber den Hof intred',
sien Huusfroo em entgegen schreet:
»De Kleie hest du vergäten.«
»Ach nee, mien leewe Huusfroo mien,
den Möller sien Swien hebben se fräten.«

7. De Möllers hebben de besten Swien,
dee hier to Lann' wull mögen sien,
mäst't ut de Buern Säcken,
dorüm mutt mancher arme Mann
sien Knechen fröer opwecken.

8. Dee uns düt nee Leedlien sang,
dee schenkt et juu to groten Dank,
he will keen een verhohnen,
he meent man blot, de Unrecht dot,
un deit der Framen schonen.

9. De Möller gew een Daler darüm,
dat man dat Leedlien nümmer süng;
darüm wöllt wi et nich laten,
singt wi et in de Mœhlen nich mehr,
singt wi et op de Straten.

Ick weit ein Land, dat mi gefüllt

Text: Annegret Pautsch
nach einem Gedicht von Felix Stillfried

1. Ick weit ein Land, dat mi gefüllt,
   dat mi gefüllt von Harten.
   Dat mi mit dusend Kedden höllt,
   alltied in Freud un Smarten.

2. Dit platte Land mit Barg un See,
   mit Veih un gröne Wälder,
   ick leiv de Wischen un dat Kuurn,
   up all de groten Feller.

3. Hier steiht min Huus, hier lacht min Kind,
   hier heff 'ck to daun, to warken.
   Hier drink ick Wien, hier heff ick Frünn,
   dorvon will ick nich laten.

4. Dat över Huus un Kind un Mann,
   an jeden niegen Morgen,
   de witte Duuv ok fleigen kann,
   dorvör gilt all uns Sorgen.

Ick weit einen Eikboom

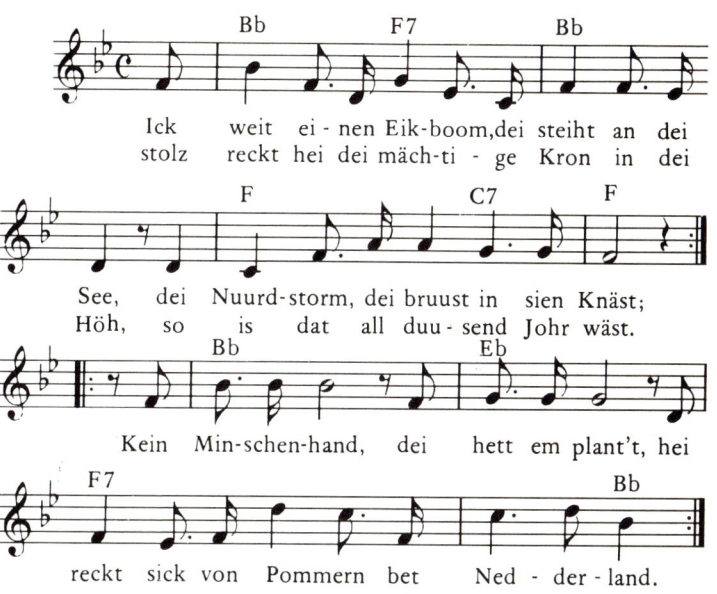

Text: Fritz Reuter; Melodie: Wilhelm Bade

1. Ick weit einen Eikboom, dei steiht an dei See,
   dei Nuurdstorm, dei bruust in sien Knäst;
   stolz reckt hei dei mächtige Kron in dei Höh,
   so is dat all duusend Johr wäst.
   Kein Minschenhand, dei hett em plant't,
   hei reckt sick von Pommern bet Nedderland.

2. Ick weit einen Eikboom vull Knorrn un vull Knäst,
   up den fött kein Biel nich un Äxt.
   Sien Bork is so ruuhg, un sien Holt is so fast,
   as was hei mal bannt un behext.
   Nicks hett't em dan, hei ward noch stahn,
   wenn wedder mal duusend von Johren vergahn.

3. Un dei König un siene Fruu Königin
   un sien Dochter, dei gahn an den Strand:
   »Wat deit dat för 'n mächtigen Eikboom sien,
   dei sien Telgen reckt oewer dat Land?
   Wer hett em plägt, wer hett em hägt,
   dat hei siene Bläder so lustig rögt?«

4. Un as nu dei König so Antwuurt begehrt,
   trett vör em ein junge Gesell:
   »Herr König, Ji hefft Juuch jo süss nich drüm schert,.
   Juug' Fruu nich un Juuge Mamsell!
   Kein vörnähm Lüüd, dei hadden Tiet,
   tau seihn, ob den Boom ok sien Recht geschüht.

5. Un doch gräunt so lustig dei Eikboom upstunns,
   wi Arbeitslüüd hewwen em wohrt;
   dei Eikboom, Herr König, dei Eikboom is uns',
   uns' plattdüütsche Sprak is 't un Oort.
   Kein vörnähm Kunst hett s' uns verhunzt.
   Frie wüssen s' tauhöchten ahn Königsgunst!«

6. Rasch gifft em den König sien Dochter dei Hand:
   »Gott säg'n di, Gesell, för dien Räd'!
   Wenn dei Stormwind eins bruust dörch dat düütsche Land,
   denn weit ick 'ne säkere Städ'!
   Wer eigen Oort frie wünn un wohrt
   bie den is in Not ein taum besten verwohrt!«

Ick weit en Leid, wat säuter klingt   96

Text: Helmuth Schröder; Melodie: Wolfgang Keller

1. Ick weit en Leid, wat säuter klingt
   as Vigelin un Fläuten.
   Wenn't Modermund ehr Lütting singt,
   ward hell min Oog, min Hart, dat springt
   un fäuhlt sick liesen gräuten.

2. Dat is en Leid, wat mi as Gör
   min Mudding oft hett sungen,
   Dat hett, wenn mi de Seel mal frör —
   wenn Glück un Hapen güng in Schör,
   min Leed un Truer dwungen.

3. Dat mök min Hart so warm un wiet
un stief un stark tau'n Drägen —
Un klingt em ümmer wedder niet.
O, Modersprak un Kinnertiet,
Wat liggt in juch för Segen!

Ick will juu sing'n

1. Ick will juu sing'n un will nich leeg'n:
   Ick sehg' dree braden Höhner fleeg'n,
   se flögen also snelle,
   de Büük harr'n se nah 'n Himmel kehrt,
   den Rügg wull nah de Hölle.

2. Een Amboß un een Mœhlensteen
   dee swömmen beide œwer den Rhien,
   se swömmen also liesen;
   et fratt een Pogg een glöhnigen Plog'
   to Pingsten op dem Iese.

3. Et wull'n veer Kerls eenen Hasen fang'n,
   se kemen op Kröcken un Stölten gang'n,

de een kunn nich hören,
   de anner wer blind, de drüdde stumm,
   de veerde kunn nich 'n Fot röhren.

4. Nu will ick juu singen, wo dat is kamen:
   de Blinne toerst den Hasen sehg'
   all œwer dat Feld herdrawen,
   de Stumme spök den Lahmen to,
   dee kreeg' em bie den Kragen.

5. Et segelten welke op een Land,
   ehr Segel harr'n se in den Wind spannt,
   se segelten bie groten Huupen,
   se segelten op eenen hohgen Barg,
   dor mussen se all versuupen.

6. De Krewt, dee ded den Hasen wegloopen, —
   de Wahrheit kummt bie groten Huupen,
   un blifft doch nich versweegen:
   Et leep een Kohhuut op 'm Dack,
   dee weer dor wull ropsteegen.

7. Hier will ick man mien Leed besluuten,
   wenn 't ok all Lüüde ded verdreeten,
   un will ophören to leegen, —
   bie mi to Huus sünd de Fleegen so grot
   as hiertoland de Zeegen!

Ick will vertelln, wat is passiert

1. Ick will vertelln, wat is passiert,
   de Moorbarger Deerns hebbt Aarnbeer fiehrt.
   Falderallari un
   falderallara, de Moorbarger Deerns
   hebbt Aarnbeer fiehrt!

2. Unse Herr un de Madam,
   de seegen sick op dat Aarnbeer an.
   Falderallari un ...

3. De Verwalter mit den groten Hot,
   de seggt: Dat geiht min Dag ne god!
   Falderallari un ...

4. De Schriewer mit de spitze Mütz,
   de danz, dat de Schiet von de Steweln sprütz!
   Falderallari un ...

5. De Pächter mit sin groten Hünn,
   de kunn uns nich dat Aarnbeer günn!
   Falderallari un ...

6. De Kutscher in sin wittes Hemd,
   de meen, dat em de Katt nich kennt.
   Falderallari un ...

7. De Vagt mit sine Falkenog'n,
   de meen, em kunn keen Minsch wat don!
   Falderallari un ...

8. De Swienharr mit de scheewe Snut,
   de schänk dat ganze Aarnbeer ut!
   Falderallari un ...

9. Krischan schüll na Möhl hen ree'n,
   un schüll dar fief Kann Branntwien lehn.
   Falderallari un ...

10. As Krischan werr na Moorbarg keem,
    do slög de Hoffklock halwig een.
    Falderallari un ...

11. De Swienharr kunn sin Bett nich finn,
    he kröp sick bi den Ewer rin!
    Falderallari un ...

Ick wull, wi weer'n noch kleen, Jehann

Text: Klaus Groth; Melodie: Ernst Licht

1. Ick wull, wi weer'n noch kleen, Jehann,
   do weer de Welt so grot!
   Wi seten op den Steen, Jehann,
   weeßt noch? bie Nahwers Soot.
   An' Häben seil' de stille Man',
   wi sehgen, wa he leep,
   un snacken, wa de Himmel hoch
   un wa de Soot wull deep.

2. Weeßt noch, wa still dat weer, Jehann?
Dar röhr' keen Blatt an' Boom.
So is dat nu ni mehr, Jehann,
as höchstens noch in' Droom.
Och nee, wenn do de Scheper sung,
alleen in 't wiede Feld:
Ni wohr, Jehann, dat weer een Ton!
de eenzige op de Welt.

3. Mitünner in 'ne Schummertiet,
denn ward mi so to Mot.
Denn löppt mi 't langs den Rügg so hitt,
as domals bie den Soot.
Denn dreih ick mi so hasti üm,
as weer ick nich alleen:
doch allens, wat ick finn, Jehann,
dat is — ick stah un ween.

In Gluckgluck lew ick

1. In Gluckgluck lew ick,
   in Gluckgluck swew ick,
   un wer in Gluckgluck, Gluckgluck lewt,
   is min Broder,
   de is min Broder!

2. Het mi keen Deern mehr leew,
   so lett se 't bliwen.
   Wenn ick man 'n Sößling, Sößling heff,
   kann ick 't verdriewen!

3. Drift mi de harte Wind
   ok ut 'n Land'n,
   So drift he mi doch ni, doch ni
   ut min'n Stand'n.

4. Heff ick keen Sößling mehr,
   an 'n Hof keen Truddel,
   heff ick doch Gluckgluck, Gluck-gluck-gluck
   jümmers in'n Buddel.

101 *In Hamborg is doch, wie bekannt*

Text: Ludwig Wolf; Melodie: Maurice Scott

1. In Hamborg is doch, wie bekannt,
    dat Eeten wunnerscheun,
    so manche Speziolität
    kriegt man bi uns to seh'n.
    Uns Rookfleesch, Knackwust, Bütt und Stint
    dat is'n Hochgenuß,
    veel scheuner noch als Sekt
    de ganze Krimskrams smeckt!
    Wer sick sowat bestellt,
    de kriegt wat for sien Geld.
       Dat sind de
       Snuten un Poten,
       dat is'n fein Gericht,
       Arfen und Bohn'n,
       wat Scheun'res gifft dat nicht.

Spickool und Klüten
und denn 'n Kööm dorto,
o Kinners, Kinners, wat'n Eeten!
Lang man düchtig to!

2. Wenn wi uns mol verheirod'n dot,
denn frogt wi nich no Geld,
de Hauptsook is, wenn stramm de Deern,
dat is, wat uns gefällt.
Und wenn sie mir denn sagen tut:
»Mein Schatz, ich liebe dich!«,
denn segg ick: Seute Deern,
heff di von Hatten gern,
mein Pummel Zuckersnuut,
kock mi man gau 'n Putt
   so vull mit
Snuten un Poten,
dat is'n fein Gericht,
Arfen und Bohn'n,
wat Scheun'res gifft dat nicht.
Spickool und Klüten
und denn 'n Kööm dorto,
o Junge, Junge, so'n Muul mook man,
lang man düchtig to!

3. Wenn ick mol in den Himmel koom,
denn ruf ick: Bitte sehr,
ach, lieber Petrus, lang mich mol
die Speisekarte her!
Und paßt mi denn dat Eeten nicht,
go ick to Konkurrenz,
des Satans Schwiegermutter,
die kocht uns denn in Butter —
zum letzten Mol, wie scheun,
kriegt wi nochmol to seh'n
   so'n Putt vull
Snuten un Poten,

dat is'n fein Gericht,
Arfen und Bohn'n,
wat Scheun'res gifft dat nicht.
Spickool und Klüten
und denn 'n Kööm dorto,
o Junge, Junge, so'n Muul mook man,
lang man düchtig to!

102   Is dar för ehrlich arm Lüü Grund

Text: Oswald Andrae

1. Is dar för ehrlich arm Lüü Grund,
   in d'Knee to gahn un all dat?
   Süx sliem'rig Slaawen möögt wi nich.
   Wi troot uns dat för all dat.
   För all dat un all dat,
   bi d'Knoijeree un all dat.
   De Rang ov Stand is uns nix wert,
   man'n Mann is'n Mann för all dat.

2. Wenn wi ok Huusmannsköst blots äät't,
   gries Linnen draagt un all dat.
   Laat d'Aap sien Sied, gääv Junkers Wien.
   En Mann is'n Mann för all dat.
   För all dat un all dat.
   Hör Prahlen, Prunk un all dat.
   Bi'n armen Mann findst d'Toverlaat.
   He is dien Baas för all dat.

3. Ji seehgt den Prahlhans, dissen Herrn:
   stolzeert un glotzt un all dat,
   un veel Lüü glöövt hüm elk een Woort.
   En Aap blifft he bi all dat.
   Bi all dat un all dat,
   sien Ordensband un all dat.
   En frejen Mann mit frejen Sinn
   lacht minnachtig bi all dat.

4. En Prinz maakt sück en'n Panzerknecht,
   Markie un Graf un all dat.
   Well stolt blifft un is manns genoog,
   blifft free van dit un all dat:
   van all dat un all dat,

van Adelsstolt un all dat,
denn fasten Sinn is allens wert,
tellt mehr as Rang un all dat.

5. Willt bäden, dat dat kamen mag,
as't kamen moot för all dat.
Denn sett't sück dör up d' ganze Eer:
de Sinn, uns Wert un all dat.
För all dat un all dat,
so kummt dat doch för all dat,
dat Minsken van de ganze Welt
ok Bröers weert för all dat.

Is dat Fröhjohr weer dor

Text und Melodie: Larry Evers

Refr. Is dat Fröh-johr weer dor, ward de Ha-ben le-bendig, jede een kummt vun't Dörp so as je-de Johr. Is dat Fröh-johr weer dor, nehm' de Fischer-lüüd Afscheed, doch to Harfs kam' se weer vun ehr Grön-land-fohrt. De Win-ter is nu weer vör-bi un lang nuch hett he duurt.

All lang heff ick na't Westen sehn un

Refrain:
Is dat Fröhjohr weer dor,
ward de Haben lebendig,
jede een kummt vun't Dörp
so as jede Johr.
Is dat Fröhjohr weer dor,
nehm' de Fischerlüüd Afscheed,
doch to Harfs kam' se weer
vun ehr Grönlandfohrt.

1. De Winter is nu weer vörbi
   un lang nuch hett he duurt.
   All lang heff ick na't Westen sehn
   un op dat Fröhjohr luurt.
   Nu pack ick gau mien Kram tohoop,
   denn all de Scheep liggn klor
   un morn fröh mit de erste Sünn
   geiht 't rut op groote Fohrt.

2. De anner Morgen geiht dat los,
un mit een stieve Bries
will jeder gern de erste sien
bi 't Fischen in dat Ies.
Un is dat Woller uk mol hart
un Fisch is nich to veel,
denn sööken wi un fischt so lang,
bet unse Schipp is vull.

3. Wi fischen de heel Sommer lang
un kamen in'n Harfs torüch,
un männi Mol süht man een Fru
alleen kamen vun de Brüch.
Denn nich all Fischer, de in 't Fröhjohr
mit de Scheep rutfohrn,
kamen mit de Harfs torüch na Hus,
de See hett se beholn.

Jan Hinnerk wahnt in de Lammer-Lammerstrat

Jan Hin-nerk wahnt in de Lam-mer-Lam-mer-strat, Lam-mer-lam-mer-strat, kann ma-ken, wat he will, kann ma-ken, wat he will, a-wer jüm-mers, jüm-mers still, a-wer jüm-mers, jüm-mers still. Un do mak' he sick een Gei-ge-ken, Gei-ge-ken par-dootz! Vi-go-lin, Vi-go-lin, sä' dat Gei-ge-ken. Vi-go-

1. Jan Hinnerk wahnt in de Lammer-Lammerstrat,
   kann maken, wat he will, kann maken, wat he will,
   awer jümmers, jümmers still,
   awer jümmers, jümmers still.
   Un do mak' he sick een Geigeken,
   Geigeken pardootz!
   Vigolin, Vigolin, sä' dat Geigeken.
   Un Vigo-Vigolin, un Vigo-Vigolin,
   un sien Deern, dee heet Katrin,
   un sien Deern, dee heet Katrin.

2. Un darbie wahnt he noch jümmers in de Lammerstrat,
   kann maken, wat he will, kann maken, wat he will,
   awer jümmers, jümmers still,
   awer jümmers, jümmers still.
   Un do mak' he sick een Hollandsmann,
   Hollandsmann pardootz!
   Gottverdori, Gottverdori! sä' de Hollandsmann,
   Vigolin, Vigolin, sä' dat Geigeken,
   un Vigo-Vigolin, un Vigo-Vigolin,
   un sien Deern, dee heet Katrin.

3. Un darbie wahnt he noch jümmers in de Lammerstrat,
   kann maken, wat he will, kann maken, wat he will,
   awer jümmers, jümmers still,
   awer jümmers, jümmers still.
   Un do mak' he sick een Engelsmann,
   Engelsmann pardootz!
   Damn your eyes! Damn your eyes! sä' de Engelsmann,
   Gottverdori, Gottverdori! sä' de Hollandsmann,
   Vigolin, Vigolin, sä' dat Geigeken,
   un Vigo-Vigolin, un Vigo-Vigolin,
   un sien Deern, dee heet Katrin.

4. Un darbie wahnt he noch jümmers in de Lammerstrat,
   kann maken, wat he will, kann maken, wat he will,
   awer jümmers, jümmers still,
   awer jümmers, jümmers still.
   Un do mak' he sick een Spanischmann,
   Spanischmann pardootz!
   Caracho, caracho! sä' de Spanischmann.
   Damn your eyes ...

5. Un darbie wahnt he noch jümmers in de Lammerstrat,
   kann maken, wat he will, kann maken, wat he will,
   awer jümmers, jümmers still,
   awer jümmers, jümmers still.
   Un do mak' he sick een Hanseat,

een Hanseat pardootz!
Slah em dot! Slah em dot! sä' de Hanseat.
Caracho ...

6. Un darbie wahnt he noch jümmers in de Lammerstrat,
kann maken, wat he will, kann maken, wat he will,
awer jümmers, jümmers still,
awer jümmers, jümmers still.
Un do mak' he sick Napolijum,
Napolijum pardootz!
Ick bün Kaiser, ick bün Kaiser! sä' Napolijum,
slah em dot! Slah em dot! sä' de Hanseat.
Caracho, caracho! sä' de Spanischmann.
Damn your eyes! Damn your eyes! sä' de Engelsmann,
Gottverdori, Gottverdori! sä' de Hollandsmann,
Vigolin, Vigolin, sä' dat Geigeken,
un Vigo-Vigolin, un Vigo-Vigolin,
un sien Deern, dee heet Katrin.

Juchhe, Hochtiet un Hochtiet is hüüt

1. Juchhe, Hochtiet un Hochtiet is hüüt!
   Kiekt de schmucke Bruut mol an
   un den drallen Brüüdgamsmann,
   wie se sick so herzig schnütern
   un mit Füerogen klütern!
   Schnütert, klütert frisch drup in,
   Bruutlüüd möten lustig sien.

2. Juchhe, Hochtiet un Hochtiet is hüüt!
Klümpermehl as Fuusten dick,
up de Mann woll twintig Stück;
Backebeer un Schwienebrade,
dat mit suur un suure Brade;
denn ward düchtig upgepackt,
dat de Tafel knickt un knackt.

3. Juchhe, Hochtiet un Hochtiet is hüüt!
Beir un Brannwien rund umher
liggt in Tunnen an de Er,
wo de Krög' ni leddig ware,
bruukt me gar kein Muul opsparre;
mit de Deckel ward geklappt:
frisch ward wedde vullgedappt.

4. Juchhe, Hochtiet un Hochtiet is hüüt!
Mit de Baß un Violin
stellt sick all Muskanten in.
Platz gemacht, nu will wi danze,
dat de Röck so awerranze.
Nu no eene Schluck swinn her
op e lustig Kindelbeer!

Juchhe, lustig, seggt he 106

1. Juchhe, lustig, seggt he,
   ick bün Kock, seggt he,
   drink ook giern, seggt he,
   een Glas Grog.

2. Fohr to See,
   twintig Johr,
   heff ook ümmer,
   glücklich fohrn.

3. Gäle Arwten,
   kak ick mör,
   rühr se ümmer,
   düchtig dörch.

4. Een Stück Speck,
   tämlich grot,
   smeckt up See,
   würklich got.

5. Back ick Klüten,
   wie bekannt,
   spie ick ierst,
   in de Hand.

6. Denn rull ick,
   se zirkelrund,
   dee smeckt got,
   sünd gesund.

7. Wenn ick kak,
   för 'n Kaptein,
   mak ick alles,
   sauber, rein.

8. Mit 'n Strump,
   wisch ick ut,
   ierst de Schöttel,
   denn den Putt.

9. För 't Loschis,
   sorg ick ook,
   denn ick bün,
   bannig klok.

10. Godes Futter,
    un ook satt,
    un den Rest,
    kriggt de Katt.

11. Doch een Deel,
    is dorbie,
    dat ick sorg,
    ook för mi.

12. För mien Möh',
    för mien Fliet,
    stäk ick etwas,
    an de Siet.

13. Doch ick ät,
    giern alleen,
    jeder bruukt 't,
    nich to sehn.

14. Wenn ick heff,
    etwas Gods,
    dat smeckt mi,
    ganz famos.

15. Mien Kombüs',
    is hübsch rein,
    alles is,
    pük un fein.

16. Wer rinkümmt,
    ward gliek rufft,
    un ick sett em,
    an de Luft.

17. Un so fohr ick,
    ümmerto,
    kam ick mal,
    bie mien Fru,

18. wies ick ehr,
    wie man kakt,
    un wie Seelüd',
    sünst et makt.

107 Kartüffelkruut is gräun

1. Kar-tüf-fel-kruut is gräun, Räu-ben sünd all riep, und denn kümmt dei koo-le Win-ter Stümper. Mit dei Fie-del, mit dei Fläut in dei Ein-sam-keit, wenn dei Pott mit Grütt ach-tern A-ben steiht, wenn Kar-lin mit mi den Wal-zer schüfft und oll Schultsch dei Käuh ruut drifft.

2. Sünd dei Räu-ben riep, sünd die Räu-ben riep, ach denn kümmt dei koo-le Win-ter und ick stah ja so al-lein.

3. Ach hadd ick ein Wief, ach hadd ick ein Wief, ach ick ol-le, ol-le Stümper.

1. Kartüffelkruut is gräun,
   Räuben sünd all riep,
   un denn kümmt dei koole Winter.
   Mit dei Fiedel, mit dei Fläut in dei Einsamkeit,
   wenn dei Pott mit Grütt achtern Aben steiht,
   wenn Karlin mit mi den Walzer schüfft
   un oll Schultsch dei Käuh ruut drifft.

2. Sünd dei Räuben riep,
   sünd dei Räuben riep,
   ach, denn kümmt dei koole Winter
   und ick stah ja so allein.
   Mit dei Fiedel ...

3. Ach hadd ick ein Wiew,
   ach, hadd' ick ein Wiew,
   ach, ick olle, olle Stümper.
   Mit dei Fiedel ...

108 Kleener Mann wull grot Fruu frieg'n

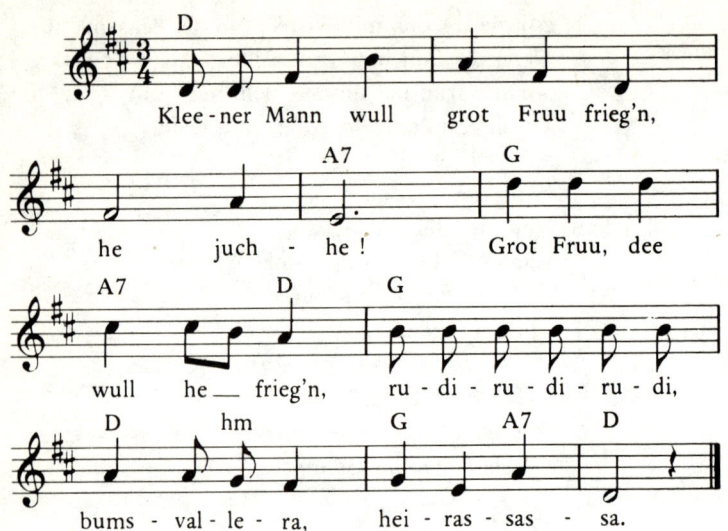

1. Kleener Mann wull grot Fruu frieg'n, he juchhe!
   Grot Fruu, dee wull he frieg'n,
   rudirudirudi, bumsvallera, heirassassa.

2. Grot Fruu wull danzen gahn,
   kleen Mann wull ok mitgahn.

3. »Kleen Mann, bliew du to Huus,
   wasch Töller un Schötteln ut!«

4. Grot Fruu ut 'n Wirtshuus kümmt,
   kleen Mann bie 'n Wocken spünn.

5. »Kleen Mann, wat hest du spunn'n?«
   »Tweemal af heff ick 't wunn'n.«

6. Grot Fruu kreeg 'n Wockenstock,
   slög kleenen Mann up 'n Kopp.

7. Kleen Mann kröp in 't Botterfatt,
   keek he ruut, kreg' he wat.

8. Kleen Mann löp ut de Dör,
   löp bie sienen Nahwer vör.

9. »Nahwer, ick möt di klag'n:
   Mien grot Fruu hett mi slag'n!«

10. »Glööwst du, ick wunner mi?
    Mien' makt grad' so mit mi!«

11. »Kumm, will'n bie'n Amtmann klag'n:
    Uns hebben uns' Wiewer slag'n!«

12. Amtmann gew ehr keen Recht:
    So geht 't de Wiewerknecht!

109 — Kumm, un führ mit mien' Auto

Text: Lisa Milbret

1. Kumm, un führ mit mien' Auto,
   kumm, un führ mit mien' Auto,
   kumm, un führ mit mien' Autocar,
   kumm, un führ mit mi!

2. Klick, klack, mak de Dör up, Diern,
   klick, klack, mak de Dör up, Jung,
   Vördör, Achterdör, klick, klack, kli,
   kumm un führ mit mi.

3. De Meschin möckt brrm, brrm …,
   sittst du weik, kiek hier mal rüm,
   brrm, brrm, brrm, brrm, bri,
   kumm un führ mit mi.

4. Hier 'n Torm un dor 'n Hus,
   Pierd un Wagen, Autobus,
   Büsch un Böm, dei fleig'n vörbi,
   kumm un führ mit mi.

110 Lett mal min' Seel de Flüchten hängen

Text: Martha Müller-Grählert; Melodie: Gunnar und Sandra Rieck

Lett mal min Seel de Flüch-ten hän-gen, von al-len Groß-stadt-larm un Tand,
all dat Has-ten, all dat Drän-gen, dann schick ick se an'n heim-schen Strand,
da-hen, wo still de Dü-nen ra-gen, in witten Sand de Fich-ten, stahn, un
wo de Wel-len un de Wo-gen in e-wig glie-ken Wes-sel gahn.

1. Lett mal min Seel de Flüchten hängen,
   von allen Grotstadtlarm un Tand,
   von all dat Hasten, all dat Drängen,
   denn schick ick se an'n heimschen Strand,
   dahen, wo still de Dünen ragen,
   in witten Sand de Fichten stahn,
   un wo de Wellen un de Wogen
   in ewig glieken Wessel gahn.

2. Hürst du se ruschen — unuphürlich,
   ohn End un Anfang nah un wiet,
   as ein Choral, so iernst un fierlich
   erschallt ehr dusendstimmig Lied.
   Wen einmal dat in Slap het sungen
   as Weigenlied — o ganz gewiß,
   von allen Klängen, dei erklungen,
   kein anner je em leiwer is.

3. Sühst du de lütte Möv da fleigen
   hoch öwern wieden Wellenrum?
   Bald lett se sick von 'n Stormwind weigen,
   bald dukt se in den witten Schum.
   Hürst du ehrn Juchzer nu, den hellen,
   dörch Wogenbrus und Wellenspel?
   Kennst du den flinken Reis'gesellen?
   De lütte Möv is mine Seel.

111 Liesing klingen Wihnachtsglocken

Text: Ursula Kurz; Melodie: Wolfgang Scheibeler

Lie - sing klin - gen Wihnachts - glocken
Un dei Snei föllt dicht in Flocken
dörch de stil - le Win - ter - nacht.
up dei Ierd hen dal so sacht.

Deckt ehr tau mit ein witt La - ken,
de Er - in - ne - rung kümmt mit. Ick
fäul ehr sacht, as ein Stra - ken
sei kümmt neh - ger Schritt för Schritt.

1. Liesing klingen Wihnachtsglocken
   dörch de stille Winternacht.
   Un dei Snei föllt dicht in Flocken
   up dei Ierd hendal so sacht.

2. Deckt ehr tau mit ein witt Laken,
   de Erinnerung kümmt mit.
   Ick fäul ehr sacht as ein Straken,
   sei kümmt nehger Schritt för Schritt.

3. Schient mi an de Hand tau faten,
   ritt mi vörwarts nu mit Macht
   dörch de lütten, düstern Straaten
   in de kolle Winternacht.

4. Dat oll Rathus liggt in'n Schummern,
   liekers seih ick allens gaud.
   De Latüchten, de knapp glummern,
   dräg'n ut Snei 'n dicken Haut.

5. An de Eck, dor steiht noch ümmer
   so as süss de Dannenboom.
   Un in sinen Lichteschimmer
   speigelt sick dat as in'n Droom.

6. Flocken fallen dicht von'n Häben.
   Ick gah dörch de witte Pracht,
   un de Glockenkläng'n, de swäben
   in de kolle Winternacht.

112 Likedeeler, Likedeeler, kennt ji diss'n Nam

Text und Melodie: Rudolf Ertl

1. Likedeeler, Likedeeler, kennt ji diss'n Nam,
   Likedeeler wiern Pirat'n un hölen fast tausam'.
   Likedeeler deilt'n all'ns in glike Deile in,
   un de Klaus de Störtebeker wier eer Kapitän.

2. Se jagten Hansekoggen, so as de Voß den Haas
   un hebb'n eer all'ns wegnommen, sogor de Freterasch.
   De brócht'n se nah Stockholm hen, de grad belagert würd'n,
   de hebb'n denn dat Ät'n kräg'n, de mücht dat grad so giern.

3. So manch'n rik'n Koopmann hebb'n se de Büx uttreckt
un hebb'n Stralsunds Ratsherrn in grote Tun'n rinsteckt.
Wat gev dat för een Gaudium as dat würd bekannt,
de lacht'n noch nah Johren inne Stadt un ok up't Land.

4. Dor bi de Insel Rügen, dor har'n se eer Versteck
un wenn de Hanseat'n keem'n, denn wier'n se ganz fix weg.
De Hanseat'n söcht'n eer väle Johre lang
un hebb'n eer nich faten künnt, dat is uns all bekannt.

5. Doch eines schönen Dages dor is't denn doch scheef gahn,
dor hebb'n s' de Pirat'n all tausam'n fastnahm'n.
Se würd'n all afurdeilt un ok massakriert,
vör sößmal hunnert Johren in Hamburg is't passiert.

Lovet sistu Jesu Christ 113

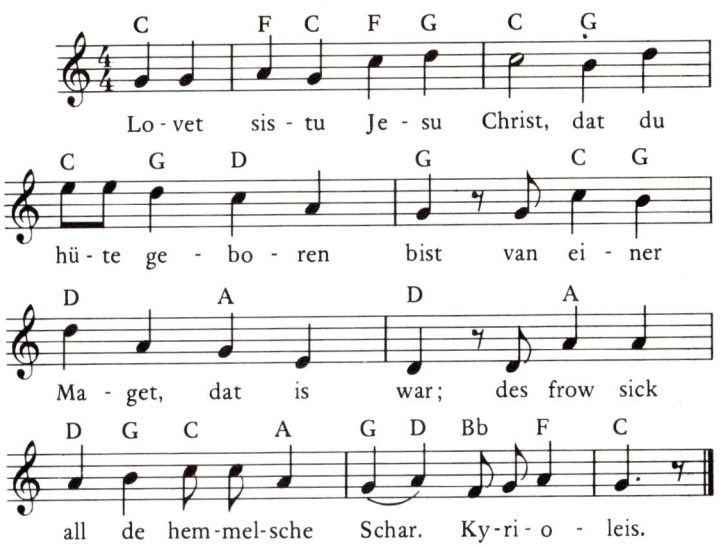

1. Lovet sistu Jesu Christ,
   dat du hüte geboren bist
   van einer Maget, dat is war;
   des frow sick all de hemmelsche Schar.
   Kyrioleis.

2. Des ewigen Vaders enige Kind
   men nu in der Krübbe findt;
   in unsem armen Flesch und Blod
   vorkleidet sick dat ewige Gud.
   Kyrioleis.

3. Den aller Werlt Kreis ni beslot,
   de licht in Marien Schot;
   he is ein Kindelin worden klein,
   de alle Dink erholdt allein.
   Kyrioleis.

4. Dat ewige Licht geit dar herin,
   gift der Werlt einen nien Schin;
   id lücht wol midden in der Nacht
   und uns des Lichtes Kinder macht.
   Kyrioleis.

5. De Sön des Vaders, God van Ard,
   ein Gast in der Werlde ward
   und först uns ut dem Jamerdal
   und maket uns Erven in sinem Saal.
   Kyrioleis.

6. He is up Erden kamen arm,
   dat he unser sick erbarm
   und in dem Hemmel maket rik
   und sinen leven Engeln gelik.
   Kyrioleis.

7. Dat heft he alles uns gedan,
   sin grote Leve to tögen an;
   des fröuwe sick alle Christenheit
   und dank em des in Ewichkeit.
   Kyrioleis.

Lüd, Lüd, nu geiht dat an

1. Lüd, Lüd, nu geiht dat an,
   un nu fröjt sich Fru un Mann.
   Öwer de Schüddelbüx
   geiht doch wirklich nix.

2. Giw mi mal dien Patschhand her,
   un denn geiht dat krüz und quer,
   öwers makst du wat verkihrt,
   lach'k di ut, du Dusseldirt.

3. Schüddel, schüddel, schüddel de Büx,
   nich to langsam, nich to fix.
   Sühst du, so, so geiht dat an,
   un nu fröjt sich Fru un Mann.

4. Schüddel, schüddel, schüddel de Büx,
   ohne Schüddeln is dat nix.
   Nu, mien Dirning is 't to End,
   alles klappt nu in de Händ.

Lütt Anna Susanna

1. »Lütt Anna Susanna,
   stah up un böt Füer!«
   »Ach nee, mien leiw Moding,
   dat Holt is tau düer.
   Rudirallalala,
   rudirallalala,
   ach nee, mien leiw Moding,
   dat Holt is tau düer.«

2. »Denn schüer mi den Grap'n
   un fäg' mi dat Huus,
   hüüt abend kamt hier noch
   drei Junggeselln in 't Huus.

3. Un wöllt sei nich kam'n,
   so wöllt wi sei halen
   mit Pier un mit Wagen,
   mit Iesen beslagen.

4. Un kœnt sei nich danzen,
   so wöllt wi sei 't lihrn,
   wi wöllt ehr dei Tüffel
   in Bodder ümkihrn.

5. Un kœnt sei nich küssen,
   so wöllt wi sei 't lihrn,
   wi wöllt ehr dei Snuten
   mit Honig insmiern.«

Lütt Matten, dei Has' 116

Text: Klaus Groth; Melodie: Johannes Schondorf

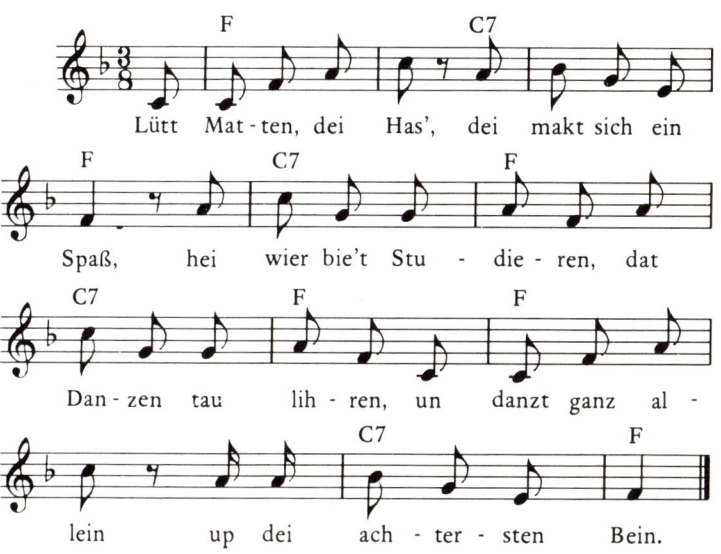

1. Lütt Matten, dei Has',
   dei makt sick ein Spaß,
   hei wier bie 't Studieren,
   dat Danzen tau lihren,
   un danzt ganz allein
   up dei achtersten Bein.

2. Kem Reinke, dei Voß,
   un dacht: Dat 's 'ne Kost!
   Un seggt: »Lütte Matten,
   so flink up dei Padden?
   Un danzt hier allein
   up dei achtersten Bein?

3. Kumm, lat uns tausam'n,
   ick kann as dei Damen,
   dei Kreih, dei spält Fiedel,
   denn geiht dat kandidel,
   denn geiht dat mal fein
   up dei achtersten Bein!«

4. Lütt Matten gew Pot,
   dei Voß beet em dot
   un sett't sick in 'n Schatten,
   verspiest den lütten Matten.
   Dei Kreih, dei kreeg' ein
   von dei achtersten Bein.

Magst mi noch liden

Text: Alwine Wuthenow; Melodie: Otto Kaden

1. Magst mi noch liden,
   hest mi noch leiw?
   Ach, legg dien Hart
   doch mit in den Breif.
   Will mal upschluten,
   wat dorin steiht,
   ob noch dien Wiewing
   wahnen drin deit.

2. Ob sei noch hett
   den leiwlichsten Platz,
   ob sei noch drin
   dien allerbest Schatz;
   wenn ick dat seihn hew,
   schluut ick dat tau,
   keiner sall weiten,
   wat mi giwt Rauh.

Man drinkt fœr'n Döst

1. Man drinkt fœr'n Döst,
   man drinkt op Köst,
   man drinkt fœr Küll un Hitten;
   man drinkt mal ut
   op sien lütt Brut,
   Dat sünd unsere Sitten.

2. Man dröppt mal Frünn,
   man lad't mal in,
   drinkt Sünndags een ton Braden;
   en goden Win
   is Medizin,
   de deit gewiß keen Schaden.

3. Geburtsdag firn,
   dat smöd't de Niern,
   weckt nie Lebensfunken;

geiht't Jahr to Enn,
ward an de Wenn
noch eenmal düchdig drunken.

4. Man drinkt ut Freud,
   wenn 't lücken deit
   un regen Gold vun'n Himmel;
   man drinkt sik Mot
   in Angst un Not
   un Trost in't Weltgetümmel.

5. Man drinkt sik fast,
   wenn't mal so paßt,
   un weet dat kum to faten;
   man drinkt noch een'
   ton Afgewöhn'
   un kann dat doch ni laten.

119 — Man töben, man töben

Text: Erna Taege-Röhnisch; Melodie: Fritz Röhnisch

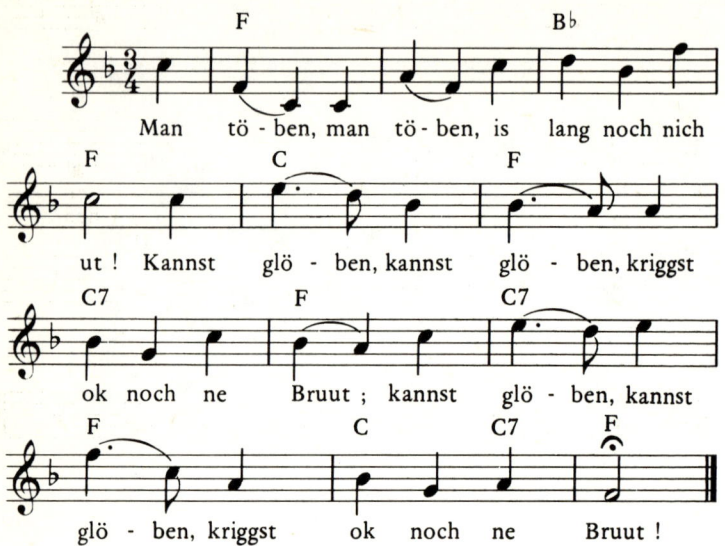

1. Man töben, man töben;
   is lang noch nich ut!
   Kannst glöben, kannst glöben,
   kriggst ook noch ne Bruut!

2. Man töben, man töben,
   kömmst ook noch eens ran!
   Kannst glöben, kannst glöben,
   kriggst ook noch 'n Mann!

3. Ierst' Plumen sind modig,
   mien Dochter, mien Söhn!
   De riepen, de söten,
   de schmecken ierst schön!

Meikens, ach beduret mi 120

1. Meikens, ach beduret mi,
   ik mott süs no ganz vergohen.
   Äten un Drinken schmeckt mi nich,
   ik kann up kenen Been mehr stohen.
   Teh ik mi ut, teh ik mi an,
   denk ik an minen Krissijan.

2. He gaf mi den letzten Schmatz
   up den dicken Hackeklosse,
   Sei: »Du bist min lewe Schatz,
   Nobers Greitsken all tom Trosse.«
   Seh ik nu den Hackeklotz an,
   denk ik an minen Krissijan.

3. Do hängt sin Fleigel an der Wand,
   den he goot to föhren wußte,

met der grauten Dieisker-Hand,
wenn he 't Kauren dasken mußte.
Seh ik nu den Fleigel an,
denk ik an minen Krissijan.

4. Up den Isel nam hei mi,
as wi von der Dänte kamen;
wat hei sei, dat segg ik nich,
he gaf mi sütte söte Namen.
Seh ik nu den Isel an,
denk ik an minen Krissijan.

5. Goh ik vor use Kleerschapp,
werd et mi sau flau to Muthe;
Sine Bükse hängt dor schlapp,
doch, de Treister is der ute.
Seh ik nu de Büksen an,
denk ik an minen Krissijan.

6. Meikens, drum beduret mi,
ik mott süs no ganz vergohn,
Äten und Drinken schmeckt mi nich,
ik kann up kenen Been mehr stohen:
Teh ik mi ut, teh ik mi an,
denk ik an minen Krissijan.

Meister Moritz harr ins grot tokakt

Meister Moritz harr ins grot tokakt,
op'n Disch allns fein torecht ok makt,
do köm em dat op mal so vör:
Do müssen ok Muskanten her.
Redudidalalala diralalala diralalalala
redudidalalala diralalalalala.

2. Un as de Sak beslaten wör,
Do sett' sick flink een op dat Perd
un reer na'n ol'n bekannten Mann,
de ok 'n beten jigeln kann.
Redudi ...

3. »Och god'n Dag, Herrn Jigelsmann!
   Ick schall Se gröt'n von' Moritzmann,
   Se müch'n doch mal to em kam'
   mit ehr'n ganzen Figelskram.

4. Se müch'n doch vor all'n Ding'n
   dat grote Tuthurn ok mitbring'n.
   Dat Hackmeß dörf'n Se nich vergät'n,
   dat gev dar fix wat optofrät'n.«

5. De Ol un de Söhn, de köm alle beid',
   Un dat wör nu jo 'n grode Freid'.
   Dat Tuthurn har'n se man vergät'n,
   Do wör de ganze Musik besch ...

6. De Söhn, de blas woll de Klasnett,
   »Nu hür mal, Fro, wo geiht dat nett!
   Nu kiek, wat em de Finger fleegt
   Un wo sick all de Klapp'n rögt!«

7. »Och Mudder, kumm mal op de Been,
   We wüllt mal 'n Dänzken mak'n schön.
   Se schüllt mal sehn, dat we 't noch künnt,
   As wenn we welk von de Jüngsten sünd.«

Mi is een fien bruun Mäken 122

1. Mi is een fien bruun Mäken
   fullen in mien Sinn,
   ach Gott, sull ick ehr Deener sien,
   mien Truren wär darhen.
   Dag unde Nacht heff ick keen Roh,
   dat schafft ehr fien Gestalt,
   ick weet nich wol,

wat ick em do,
   mien fiens Leev makt mi old.

2. Dem Mäken ick gern deenen wull,
   wenn ick't mit Fuge künn,
   dorüm heff ick de Nieder veel,
   dat se mi nich ward günnt.
   Ick hop, se sall't erfahren bald,
   wo ick se trulich meen,
   op Eer ick mi blot wünschen wull,
   bie ehr to sien alleen.

3. Dem Mäken ick mien Truu versprek
   in Ehren un anners nich,
   allns wat dor fram un ehrlich is,
   darna ick mi stet richt.
   Sull denn mien Truu verloren sien,
   dat kränkt mien Sinn un Blot,
   ick hop, se sall't erfahren schier,
   mien Sak sall warden got.

4. Denn wat de falschen Tungen dot,
   is nu all an den Dag.
   Och du mien lütt bruun Mäken fien,
   hör to, wat ick di segg:
   Holl di man fast in Ehrn alleen,
   wo ick di Hartleev meen,
   so höllst du Gunst mit all dien Kunst,
   dat glöv mi, Mäken rein.

5. Darmit will ick dem Mäken mien
   wull sungen hebbn frie
   to goder Nacht een Leedlien fien,
   all Gots wünsch ick dorbi.
   Darmit dat se gedenk an mi,
   wenn ick nich bi ehr bün:
   behöd di Gott, mien fienes Leev,
   ade, ick fahr darhen.

Mien Boom steiht hier

Text und Melodie: Hannelore Hinz

1. Mien Boom steiht hier,
   jüst in dit Land,
   dat as een Kahlslag wier.
   Hew em mit Tauvertrugen plant
   noch in de gläunig Ier.

2. Mien Boom rögt sick,
   jüst in dit Land,
   un wuss von Johr to Johr.
   Wo heww ick klauk em dunnmals plant,
   dit würr so in mi klor.

3. Mien Boom wasst hier,
   jüst in dit Land;
   kreg Knurren ok in 't Holt,
   de hebben anner in em plant;
   un liekers bün ick stolt.

4. Mien Boom gräunt hier,
   jüst in dit Land,
   wass mit em höger rut.
   Wo bün ick froh, dat ick em plant.
   De Wöttel, de höllt ut!

Mien Schatz is een Jäger 124

Text: Alwine Wuthenow; Melodie: Fritz Kolleker

1. Mien Schatz is een Jäger,
   een Jäger möt sin,
   de Wald is den Jäger,
   de Jäger is mien.
   Trarara, trarara, trarararara,
   trarara, trarara,
   trarari, trarari, trarara.

2. Mien Schatz dröggt een Stutzen,
   een Strüzel an'n Haut,
   dortau een gräun Röckel
   un is mi so gaut.
   Trarara ...

3. Ick hew bloot mien Spinnrad
   un een poor blanke Schau,
   mien Schatz hett een Hüsel
   un een' Goren dortau.
   Trarara ...

4. He hett ok Wilegäußings
   un Mäl ok in 't Fatt,
   doch sien hartes Leiwen,
   väl säuter is dat.
   Trarara ...

5. So laat mi man springen
   un singen mien Stück:
   mien Schatz is een Jäger,
   so glücklich bün ick.
   Trarara ...

Mien Vadding is een Schipper

1. Mien Vadding is een Schipper,
   mien Vadding fohrt tau See:
   Ut Holland haalt hei Kaffee
   un haalt ut China Tee.

2. Von Bargen haalt hei Hiering,
   ut Sweden haalt hei Teer,
   un Krinten un Rosinen
   wiet von de Türken her.

3. Sien Brigg, dat is een Rönner,
   sei hett dat Danzen lihrt.
   Sei danzt mit Wind un Waggen,
   wenn wild de See sick birdt.

3. Un winters blifft hei bi uns,
   von wägen Ies un Snei,
   un lett mi Zuckzuck rieden
   in'n Schummern up sien Knei.

4. Un fröggt hei »Segg, mien Jüngschen,
wat du mal warden wist?«,
denn fat ick üm den Hals em:
»Dat, Vadding, wat du büst!«

6. Ick will de See befohren
un haalen Oel un Wien.
Seefohrers, seggt uns Größing,
Seefohrers möten sien!

Min Anna is en Ros' so rot

Text: Klaus Groth; Melodie: Leonhard Selle

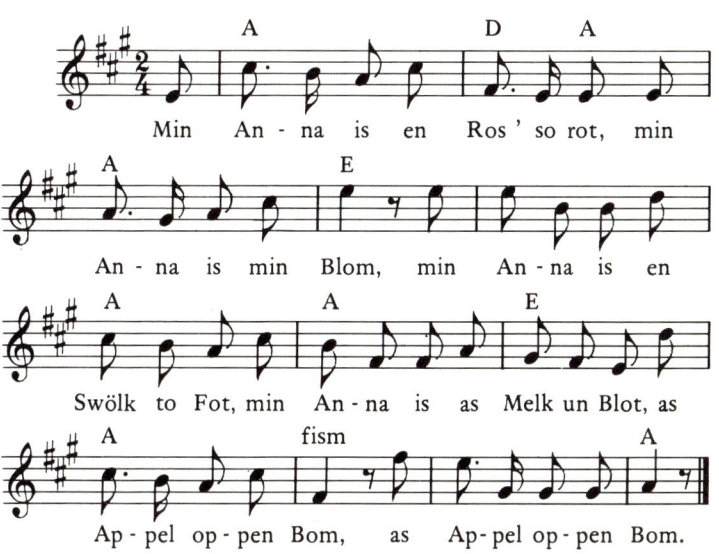

1. Min Anna is en Ros' so rot,
   min Anna is min Blom,
   min Anna is en Swölk to Fot,
   min Anna is as Melk un Blot,
   as Appel oppen Bom.

2. De Vullmach hett en Appelgarn
   un Rosen inne Strat;
   de Vullmach kann sin Rosen wahrn,
   de Vullmach kann sin Appeln arn:
   Min Anna is min Staat!

3. Se is min Staat, se is min Freid
   un allens alltomal,
   un wenn de Wind de Rosen weiht,

  un wenn de Wind de Appeln sleit:
  Se fallt mi nich hendal.

4. Se fallt ni af, se fallt ni hin,
 se hett so'n frischen Mot:
 So blöht min Hart, so blöht min Sinn,
 min Anna blift de Blom derin
 bet an mi seli Dod.

Min Modersprak, wa klingst du schön 127

Text: Klaus Groth; Melodie: Wilhelm Bade

1. Min Modersprak, wa klingst du schön!
   Wa büst du mi vertrut!
   Weer ok min Hart as Stahl un Steen,
   du drevst den Stolt herut.

2. Du bögst min stiwe Nack so licht
   as Moder mit eern Arm.
   Du fichelst mi umt Angesicht,
   un still is alle Larm.

3. Ik föhl mi as en lüttjet Kind,
   de ganze Welt is weg.
   Du pust mi as en Værjahrswind
   de kranke Boss torecht.

4. Min Obbe folt mi noch de Hann'
   un seggt to mi: Nu be!
   Un »Vadderunser« fang ik an,
   as ik wul fröher de.

5. Un föhl so deep: dat ward verstan,
   so sprickt dat Hart sik ut.
   Un Rau vun'n Himmel weiht mi an,
   un allns is wedder gut!

6. Min Modersprak, so slicht un recht,
   du ole frame Red!
   Wenn blot en Mund »min Vader« seggt,
   so klingt mi't as en Bed.

7. So herrli klingt mi keen Musik
   un singt keen Nachdigal;
   mi lopt je glik in Ogenblick
   de hellen Tran hendal.

Min Oll, de hett ein Liewgericht

Text: Ursula Kurz; Melodie: Klaus-Jürgen Schlettwein

1. Min Oll, de hett ein Liewgericht,
   ein von de dägte Sort.
   Hei gnuddert, wenn hei dat nich kriggt,
   nah Mäkelbörger Ort.

2. Hei is ein grotes Lickermul.
   Un kümmt hei ierst in Fohrt,
   is hei bi't Äten gor nich ful
   nah Mäkelbörger Ort.

3. So kaak ick em denn af un an
   — un dorbi ward nich sport —
   dat Beste, wat dat gäben kann
   up Mäkelbörger Ort.

4. Pelltüften sünd dat mit Speckstipp
   un Soltenhiering zort.
   Wer dit nich mag, de hett kein Lipp
   von Mäkelbörger Ort.

Min zuckersöt Suschen

Text: Klaus Groth; Melodie: Gustav Eggers

1. Min zuckersöt Suschen, wat wullt du di grämn?
   Kumt Wihnachten wedder, so will ick di nehmn!
   Wüllt Pepernœt kopen un Hasselnœt knacken,
   un so'n groten Koken ut Deeg wüllt wi backen.

2. Min zuckersöt Suschen, nu gräm di ni sehr!
   Denn ward wi mal öller, so danzt wi ni mehr!
   Denn schrapt wi den Grapen, denn schrapt wi dat Geld,
   Denn gat wi mit so'n lange Näsen to Feld!

3. Min zuckersöt Suschen, nu gräm di man nich!
   Ik heff noch dree Süsselnk, dat weest du man nich!
   Dree Süsselnk un Dreelnk un so'n groten Hot!
   Un'n grishempen Geldsack, noch eenmal so grot!

Min Vader heet Hans Vagelnest

1. Min Vader heet Hans Vagelnest,
   wir Buur woll in Pomellen,
   hei wir ok mal up Reisen wäst,
   drüm künn hei wat vertellen.
   Eis säd hei to mi: »Jo, min Jung,
   du müßt di wat versöken,
   süss bliffst du akkerat so dumm
   as Eiken un as Böken.«

2. Dat leet ick mi von Vadders denn
doch ok nich tweemal seggen.
Nah 't Döschen frög' ick so nicks nah,
väl wen'ger nah Pläug'n un Eggen.
Drum schnürt ick mi min Bündelken
un füng nu an to loopen.
Doch as ick nah de Stadt rankamm,
donn kreegen se mi to packen.

3. Se treckten mi 'n bunt Röckschen an
un makten mi to 'm Soldaten.
Donn ging dat nah 'n Rhein herup
un gegen de Franzosen.
De Kierls, de künn 'n keen Spaß verstahn,
un füng'n gliek an to scheeten.
Ick säd' to ehr: »Bedenkt juu doch,
wat sall de Dummheit heeten?«

4. Doch ihr ick mi 't noch recht versehg',
donn hadd ick 'n Schott im Liewe.
Se bröchten mi nah 't Lazarett
un wull'n mi dor kurieren.
Dor wir keen Brot, dor wir keen Bett,
ich kreg'n nich mal to drinken.
Min rechtes Been is nich wedder heel,
ick mutt upstunns noch hinken.

5. Dor dacht ick denn in minen Sinn:
Gaht ji doch all an Galgen!
Wat heff ick dorbie för Gewinn,
Mit juuch mi rümtobalgen?
Dat kamm mi doch to dull up 't Liew,
as 'k dat besach bie Lichte.
Ich ging nah Huus un namm mi 'n Wiew,
to End' is de Geschichte.

Mit den Ränzel up den Nacken 131

Text: Helmuth Schröder; Melodie: Wolfgang Keller

Mit den Rän-zel up den Nak-ken, üm den Haut ein hellgräun Band, lu-stig dörch dat Land scha-wrak-ken, ümmer 'n Krück-stock in dei Hand: Dat is Haeg bi Som-mer-dag, un ein Narr is't, dei't nich mag!

Nach der zweiten Strophe

Lat mi, Mo-der, lat mi teihn! — Jung-burß mütt dei Welt be-seihn!

1. Mit den Ränzel up den Nacken,
   üm den Haut ein hellgräun Band,
   lustig dörch dat Land schawracken,
   ümmer 'n Krückstock in dei Hand:
   dat is Haeg bi Sommerdag,
   un ein Narr is 't, dei 't nich mag.

2. Mökst du, Mudding, di kein Sorgen,
   lichter güng ick in min Schauh,
   jeden Abend, jeden Morgen
   schick ick di min Gräutings tau.
   Aewerall, so as bi di,
   aewerall is Gott bi mi.

Nach der zweiten Strophe:
Lat mi, Moder, lat mi teihn!
Jungburß mütt dei Welt beseihn!

Nu geiht de Herwstwind över de Heid

Text: Erna Taege-Röhnisch; Melodie: Fritz Röhnisch

1. Nu geiht de Herwstwind över de Heid,
   nu is de Sommer ut.
   Se seggen jo all, du kömmst nich mihr,
   hest lang ne änner Brut.

2. Se seggn, du denkst nich mihr an mi,
   du hest mi nich mihr gern —
   Un ick sitt doch un töv up di
   spät obends bie de Steern ...

3. Ick töv up di un sitt un luer,
   kiek noh keen ännern nich,
   keen Schrieber un keen groten Buer,
   denn du vergettst mi nich!

4. Ick weet, to'n Spoß bist du nich gohn,
   du schaffst uns Hus un Brot!
   Ick weet, dien Wurt, dät blifft bestohn!
   Du sädst: »Ick bin di got.«

Nu lat uns sing'n dat Abendleed

1. Nu lat uns sing'n dat Abendleed,
   nah Huuse möt wi gahn,
   dat Kännken mit dem Wiene,
   dat lat wi stahn.

2. Dat Kännken mit dem Wiene,
   dat mutt gedrunken sien,
   also mutt ok dat Abendleed
   gesungen, sungen sien.

3. Een Krööseken wullt wi noch drinken,
   keen Geld hebbt wi nich mehr,
   de Wirt schall uns woll borgen,
   behöd' uns Gott de Herr!

134   *O Danneboom, o Danneboom*

1. O Danneboom, o Danneboom,
   du drägst 'n grönen Twieg,
   den Winter, den Sommer,
   dat doert de leewe Tiet.

2. Worum schuld ick nich grönen,
   da ick noch grönen kann;
   ick hebb nich Vader un Moder,
   dee mi versorgen kann.

3. Un dee mi kann versorgen,
   dat is de leewe Gott,
   dee leet mi wassen un grönen,
   drum bin ick slank un grot.

O Dannenboom, o Dannenboom

Text: Wilhelm Bade

1. O Dannenboom, o Dannenboom,
   wo trö sünd dine Bläder!
   Du grönst nich blot, wenn grönt de Klee,
   du grönst ok twischen Is und Snee.
   O Dannenboom, o Dannenboom,
   wo trö sünd dine Bläder!

2. O Dannenboom, o Dannenboom,
   ik mag so geern di liden.
   As ik noch weer 'ne lütte Kroet
   un von di plückte gollne Noet:
   O Dannenboom, o Dannenboom,
   wat weern dat schöne Tiden!

3. O Dannenboom, o Dannenboom,
   deist mi dat Hart verjüngen.
   Steihst du voer mi so blank un blid,
   denn denk ik an min Kinnertit.
   O Dannenboom, o Dannenboom,
   deist mi dat Hart verjüngen.

4. O Dannenboom, o Dannenboom,
   wat willt du uns hüt lehren?
   »As mine Bläder ümmer grön,
   sall   * (stets) gedeihn un blöhn!«
   O Dannenboom, o Dannenboom,
   dat sast du uns hüt lehren.

* beliebiger Name

O Dannenboom, leiw Dannenboom

1. O Dannenboom, leiw Dannenboom,
du hest nich dinesgliken!
Up Irden waßt kein inzig Boom,
dei so as du min Freud' un Drom.
O Dannenboom, ...

2. O Dannenboom, leiw Dannenboom,
wat lettst du einmal prächtig!
Liggt Holt un Wisch in Snei un Is,
denn gräunt di lustig Telg un Ris.
O Dannenboom, ...

3. O Dannenboom, leiw Dannenboom,
vull idel Licht un Leben!
As Engelschin dei hilge Nacht,
so strahlst du mit din Lichterpracht.
O Dannenboom, ...

4. O Dannenboom, leiw Dannenboom,
du dreggst dei säutsten Appel!
Heilchrist behängt di dicht un bunt,
wat freut min Og' sik un min Mund!
O Dannenboom, ...

5. O Dannenboom, leiw Dannenboom,
Heilchrist sin lewig Teiken!
Von em geiht ut de Freudenstrom,
hei is de wohre Lebensboom.
O Dannenboom, ...

Text: Ursula Kurz

1. O Dannenboom, o Dannenboom,
   wi hebb'n di plant vör Johren.
   Wi hebb'n di hägt un hebb'n di plägt,
   dat du büst wussen grot un dägt.
   O Dannenboom, o Dannenboom,
   wat is ut di nu worden!

2. O Dannenboom, o Dannenboom,
   du hest uns so gefollen.
   Du büst Erinn'rung, Kindheitsdroom
   an Wihnachtsmann un all sin Gnom.
   O Dannenboom, o Dannenboom,
   wi möcht di giern behollen.

3. O Dannenboom, o Dannenboom,
   wo gries warst du bitieden.
   Du steihst vör uns bald blot un barst,
   ob du woll noch eins gräunen warst?
   O Dannenboom, o Dannenboom,
   so moegt wi di nich lieden!

4. O Dannenboom, o Dannenboom,
   din Kleed will uns wat lihren.
   Dat nich uns Enkelkinner läst,
   vör Tieden is ein Boom mal west ...
   O Dannenboom, o Dannenboom,
   kein Leed dörf di passieren.

O Hannes, wat een Haut

138

O Hannes, wat een Haut, o Hannes wat een Haut! Dei Haut, dei hett een Daler kost 't, dei Haut, dei hett een Daler kost 't, dei ole___ scheiwe Haut. O Hannes, wat een Haut! Dei Haut, dei kleed 't em banig nett, wenn he em 'n be-ten scheef upsett, dei Haut, dei kleed 't em banig nett, dei ole___ schei-we Haut.

1. O Hannes, wat een Haut
   O Hannes, wat een Haut!
   Dei Haut, dei hett een Daler kost't,
   dei ole scheiwe Haut.

2. O Hannes, wat een Haut!
   Dei Haut, dei kleed't em bannig nett,
   wenn he em'n beten scheef upsett,
   dei ole scheiwe Haut.

3. O Hannes, wat een Haut!
   Kein Rand daran, kein Band daran,
   un liekerst noch een Haut.

4. O Hannes, wat een Haut!
   All tein Johr Murergesell,
   un noch kein Buul in' Haut.

5. Nu is tau Enn' dei Haut,
   un is mi immer trug noch west,
   krigt Mudders em as Häunernest.
   Dei Haut un dei is gaut.

139 O Moder, wat heff ick een Bäumeken seihn

1. O Moder, wat heff ick een Bäumeken seihn,
   sau nüderlich klein un sau nüderlich fein,
   un Hähnkes un Heunekes seiten drupp
   un auk kleine Männkes en ganzen Tropp.

2. Hei stund in einen grauten un schönen Saal,
   mit tausend Lechtkes, dat funkele mol!
   Un Appele un Beeren, dei hungen dran,
   un auk gollene Nütte un Marzepan.

3. Nu segg mi, o Moder, worümme dänn
   bring jümmer dirn vurnehmen Kinnern män

dat leiwe Kristkind saun Bäumken mih
un us armen Kinnern me Lewe nih?

4. Dirn Bäumeken verwahrt däi leiwe Guot,
un von den Engelkes währt hei hott,
un stirwst doe un kümmest in 't Paradies,
dänn sast de mol seihn, wat he wossen is!

O sore Rägen

Textbearbeitung: Helmut Debus

1. O sore Rägen, du büst so kolt,
   du hest utsoort dat gröne Holt,
   du hest utsoort de Blomen up de Wischen.

2. O sore Rägen, du groote Noot,
   bringst Süük in't Land, den liesen Dood;
   fallt wittet Gift as Rägen ut de Wulken.

3. De geelen Blomen, de böögt sik al,
   wegflagen is us Fro Nachtigall.
   Se is wegflagen, se ward us nich mehr singen.

4. O sore Rägen, du Doodunwäär,
   du maakst mi Angst, ik sitt un freer;
   un fallst du daal, kann nix mehr överläwen.

5. O sore Macht, du büst to olt.
   Dien Geld is dood, dien Rägen kolt —
   sünd wi genoog, köönt Ji us nich mehr duuken.

Oever de stillen Straten

Text: Theodor Storm; Melodie: Ernst Licht

1. Oever de stillen Straten
   geiht klar de Klockenslag.
   God' Nacht! Dien Hart will slapen,
   un morgen is ok en Dag.

2. Dien Kind liggt in de Wegen,
   un ik bün ok bi di;
   Dien Sorgen un dien Leven
   is allens üm un bi.

3. Noch eenmal laat uns spreken:
   Goden Abend, gode Nacht!
   De Maand schient up Däken,
   uns Herrgott höllt de Wacht.

Oever Straten, dee verlaten

Text: Ursula Kurz; Melodie: Wolfgang Scheibeler

Oever Straten, dee verlaten
liggen un all schummrig sünd,
gahn de Glocken, un Sneiflocken
warbeln mit den Abendwind.

As lütt Wunner küseln runner
witt Stiern ut de Düsternis,
ümmer sinnig, maken künnig,
dat de Winter kamen is.

Fallen wedder up mi nedder,
decken up de Ird so slicht
ein weik Laken, dorbi straken
sei ganz liesing min Gesicht.

Un sei bringen sacht taun Klingen
mit den kloren Glockenslag,
wat vergäten wier ein bäten.
Und hell ward de Winterdag.

143   Oll Mann wull ried'n

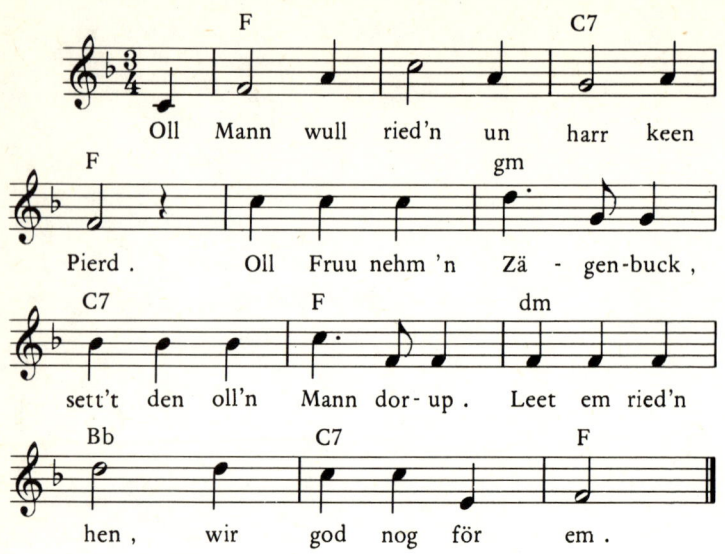

1. Oll Mann wull ried'n un harr keen Pierd.
   Oll Fruu nehm 'n Zägenbuck,
   sett't den oll'n Mann dorup.
   Leet em ried'n hen,
   wir god nog för em.

2. Oll Mann wull ried'n un harr keen Toom.
   Oll Fruu sned 'n Rock von 'n Soom
   ded 'n oll'n Mann den to 'n Toom.

3. Oll Mann wull ried'n un harr keen Sadel.
   Oll Fruu nehm Teegelsteen,
   klemmt 'n oll'n Mann mang de Been.

4. Oll Mann wull ried'n un harr keen Hot.
   Oll Fruu nehm 'n Honnigpott,
   stülpt 'n oll'n Mann den up 'n Kopp.

5. Un as he vör 'n Dur ankamm,
   frögen de Lüüd: »Wat 's dit för 'n Mann?«
   »Scheefbeen sien Süstermann!
   Oll Mann ut 'n Dörp,
   oll Mann ut 'n Dörp!«

Pingsbötel, Hawergarf, Bokwetenstroh 144

Pings - bö - tel, Ha -wer-garf, Bok - we - ten-stroh,
to - kern Johr is't ook noch so. Rip-pe-rap- pe-ritz,
Ei - er in de Mütz! O, wat is uns' Pings-bö-tel hübsch!
Fief Schock Ei - er un teihn Pund Speck,
dat makt un - sen Pings - bö - tel fett.
Mor - gen fröh wüll we'n Pings - bö - tel ka - ken,
wüllt em mit de Been in de Lu - ken ha - ken.

Gab eine Frau nichts, so sangen die Kinder den Spottvers:

Rull, rull, rull: Dat ull Wief is dull.
Wit - ten Twirn, swat - ten Twirn,
dat ull Wief dat gift nich girn.

Pingsbötel, Hawergarf, Bokwetenstroh,
tokern Johr is't ook noch so.
Ripperapperitz, Eier in de Mütz!
O, wat is uns' Pingsbötel hübsch!

Fief Schock Eier un teihn Pund Speck,
dat makt unsen Pingsbötel fett.
Morgen fröh wüll we'n Pingsbötel kaken,
wüllt em mit de Been in de Luken haken.

Wenn eine Frau nichts gab, sangen die Kinder:

Rull, rull, rull:
Dat ull Wief is dull.
Witten Twirn, swatten Twirn,
dat ull Wief dat gift nich girn.

Prost, Brauder Dickmuul

Prost, Brauder Dickmuul, du sasst läben,
deine Seele sei vergnügt
und dein Schätzchen auch daneben,
seine Seele sei vergnügt.
Brauder, ick un du, ick un du,
wi suupen ümmer drupp un zu.

Rägen kloppt an't Finster 146

Text und Melodie: Wolfgang Kniep

(summen nach der 4. Strophe)

1. Rägen kloppt an't Finster, ick heff di up mienen Schot,
   un ick weig' di lies in mienen Arm.
   Mäud büst du noch nich, dien Ogen sünd noch wak un grot,
   bullern deiht dat Holt in'n Aben warm.

Refrain:
Mien lütt Mann, kiekst mi an,
sühst de Welt mit diene Kinnerogen an.
Mien lütt Mann, kiekst mi an,

ick will allens Glück di gäben, wat 'n Minsch blots gäben kann,
dat du ümmer lachen sast, mien leiw lütt Mann.

2. Sachten slöpst du in, dien Ogen blinzeln mi noch an,
dien lütt' Händ straken mien Gesicht.
Du büst noch so lütt un büst doch all 'n lütten Mann,
wat Kunmmer un wat Leed is, weitst du nich.

Refrain:
Mien lütt Mann ...

3. De Grot'n hebben Sorgen, de du in dien Bett nich ahnst,
denn se willen, dat du glücklich büst.
Un se freun sick, wenn du dienen lütten Weg di bahnst,
wiel dat bald ne grote Strat woll is.

Refrain:
Mien lütt Mann ...

4. Ick wünsch di, dat dien Lachen anner Lüüd tau'n Lachen bringt
un von Fräden nich blots ward vertellt,
dat du, wenn du grot büst, noch dat Hart hest von een Kind,
keen Hunger un keen Leed is up de Welt.

Refrain:
Du lütt Mann, kiekst mi an,
sühst de Welt mit diene Kinnerogen an.
Mien lütt Mann, kiekst mi an,
ick will allens Glück di gäben,
wat 'n Minsch blots gäben kann,
dat du nie miehr weinen sast,
mien leiw lütt Mann.

147 *Rau, rau, Rummelsdöppen*

Rau, rau, Rummelsdöppen! Morgen gelt et'n Reigen höppen.
Drop un dran, Jongen, dran: Fastelovend hüt heran.

Regen, Regen drus'

Text: Klaus Groth

1. Regen, Regen drus',
   wi sitt hier warm in Huus'!
   De Vageln sitt in Bom to kurn,
   de Köh, dee staht an' Wall to schurn:
   Regen, Regen drus',
   wi sitt hier warm in Huus'!

2. Regen, Regen rusch,
   wa rückt dat ut den Busch!
   De Blöm, dee hangt so slappri dal,
   de Böm, dee röhrt de Blæd ni mal:

Regen, Regen rusch,
wa rückt dat ut den Busch.

3. Regen, Regen sus'
vun baben op uns Huus',
vunt Dack hendal in striken Strom
un lisen ut den Eschenbom:
Regen, Regen sus'
vun baben op uns Huus'.

4. Regen, Regen rull,
bet alle Gröben vull!
Denn lat de Wulken æwergahn,
lat de Sünn wedderkam':
Regen, Regen rull,
bet alle Gröben vull!

Sacht över't Water dor schaukelt en Kahn

Text und Melodie: Wolfgang Kniep

1. Sacht över't Water, dor schaukelt een Kahn, Abendrot bläuht as in'n Gorden de Blaum'n, Seehahn un Ruhrdumm hebbt lat noch ehr Daun. Vull Fräden is so still de Tied un Abendnäbel stiggt. Mi de Natur nu swiggt.

2. lies an de Burtwand de Wellen vergahn. ... ward dat Hart so warm un wiet, wenn ...

1. Sacht över't Water, dor schaukelt een Kahn,
   lies an de Burtwand de Wellen vergahn.
   Abendrot bläuht as in'n Gorden de Blaum'n,
   Seehahn un Ruhrdumm hebbt lat noch ehr Daun.

   Refrain:
   Vull Fräden is so still de Tied,
   wenn Abendnäbel stiggt.
   Mi ward dat Hart so warm un wiet,
   wenn de Natur nu swiggt.

2. Seeros un Mummel versupt ünnern Kahn.
   Liesing un sacht möt nu all'ns ünnergahn:
   Bläder un Fischen un Blaumen, so klor.
   Wenn'k öwer wech bün, denn sünd s' werrer dor.

3. Klor as dat Licht is mien Bild mi en Schmus.
   Blot wenn en Wind kümmt, denn ward't werrer krus.
   Dat is, as güng in mien Seel eene Dör,
   lies hölt de See mi mien Speigelbild vör.

Sag, o Schönste, willst du lieben 150

1. Sag, o Schönste, willst du lieben,
   oder willst du grausam sein?
   Willst du mich denn so betrüben,
   hast du Lust an meiner Pein?
   Herr, ick kann Em nich verstahn,
   Juuge Sprak is mi to hoog.
   Will Ji bie de Mäkens gahn,
   na, denn gaht nah Juuge Sort!

2. Du hast mir das Herz gestohlen,
   räume mir das deine ein!
   Ich gesteh dir's unverhohlen:
   Ewig würd ich glücklich sein!

Herr, wat segg Ji von gestahlen?
Wat ick heff, is allens mien.
Töw, Juuch sall de Kuckuck halen,
wenn Ji uck een Junker sien!

3. Holdes Mädchen, deine Blicke
sind die Marter meiner Pein,
gib sie mir nun doch zurücke,
ewig würd ich glücklich sein.
Un wenn dit mien Hans würd weten,
na, he nehm den Pietschensteel
un würd Juuch ut 'm Huus ruutkehren,
dat Juu wör de Puckel grön!

4. Weh, o weh, ich Armer, Armer!
Ji sien rieker als ick bin!
Hast du denn gar kein Erbarmen?
Nee, dorto heff ick keen Tiet.
Nun ade, dann muß ich scheiden.
Välen Dank, ick wünsch Juuch Glück!
Wann darf ich dich wiedersehen?
Töwt man, bet ick nah Juuch schick!

Schön Anna stunn vör Stratendör

Text: Klaus Groth; Melodie: Friedrich Silcher

1. Schön Anna stunn vör Stratendör,
   vör Stratendör,
   de Fischer gung vörbi:
   »Schön Anna, knüttst du blaue Strümp,
   de blauen Strümp,
   de knüttst du wull vör mi?«

2. »De Strümp, de kriggt min Broder an,
   min Broder an
   wull op de blaue See;
   du makst je sülm din Nett so grot,
   din Nett so grot,
   un Strümp bet anne Knee.«

3. »Min Nett dat mak ik grot un wiet,
so grot un wiet man vör de dumme Stör:
Du knüttst din Strümp so fien un dicht,
so fien un dicht,
dar geiht keen Seel hindör.«

4. »Schön Anna, knüttst du fiene Strümp,
so'n fiene Strümp,
un knüttst du se so blau:
Dar fangst du all de Fischers mit,
de Fischers mit,
un weern se noch so slau.«

Schön is dat Soldatenleben

1. Schön is dat Soldatenleben,
   morgens slapt wi bet Klock söben,
   springt denn flink to'n Bett herut,
   treckt uns an un wascht de Snut,
   drinkt uns Kaffeebohnensupp,
   ät darto uns Fröhstück up.

2. Hebbt dat Fröhstück wi in'n Magen,
   kriegt de Stewein wi bi'n Kragen,

putzt se mit Studentenwichs,
dat mutt gahn un geiht ok fix;
denn bi uns is up de Welt
doch nix knapper as dat Geld.

3. Is de Klock denn halwig negen,
gau ward de Musket herkregen,
un as wenn wi Grafen weer'n,
gaht wi hen to'n Exerzeeren,
in de hübsche, blaue Jack,
den Spazeerstock op de Nack.

4. Sünd wi denn bi't Griffe maken
un wi makt ni god uns Saken,
glik brüllt denn de Herr Schersant:
Potz Blitz, Düwel, Mord un Brand!
Öwer dat het lang keen Not,
all uns Abern de sünd god.

5. Un wer öwer de wull klagen,
Den mutt Äwermod noch plagen.
Sünd de Herrn nich all so nett,
as wenn man sin Vader het?
Darüm fürcht wi uns ok nich,
wenn se föhrt uns in den Krieg.

6. Hebbt wi Ruh vun't Exerzeern,
denn geiht los dat Räsoneern.
Keeneen hölt sick dor to god,
is he ok vun adlig Blot.
Dor gelt arm soveel as rik,
as Soldat'n sünd wi uns glik.

7. Schoster, Snider, Plummenhöker,
Burknecht, Semnarist, Aptheker,
de veel Geld hebbt oder knapp,
drägt nu all de glike Kapp,

nennt mit ›du‹ sick bröderlich;
schöner Leben gift dat nich.

8. Mennieen lett vun Hus sick schicken:
Schinken, Mettwuß un Gosflünken.
Doch de Lüd, de ward to fett,
beter is, de dat nich hett;
denn uns provisorisch Brot
makt uns satt un smeckt ok god.

9. Un so lewt wi denn ahn Sorgen
vun den Morgen bet to'n Abend.
Sündags gaht wi mit uns Deern
truli Arm in Arm spazeern.
›Klas‹, seggt se, ›blifft du mi tru?‹ —
»Ja, min Deern, du warrst min Fru.«

10. »Hör, nu sleit de Klock al negen,
wo kann blots de Tied so flegen!
Na, god'n Nacht, min söt Katrin,
bald büst du op ewig min!« —
›Na, god'n Nacht, min Klas, slap söt!‹
darmit is nu ut dat Leed.

Schwart is dei Nacht

1. Schwart is dei Nacht, bewägt dei See,
   un düster is dat Meer.
   Wi sitten einsam in uns Boot
   un räden hen un her.

2. Dat Nett schleppt langsam oewer 'n Grund,
   wi hoffen up gauden Fang,
   wi wünschen uns woll föftig Pund:
   wat is dei Nacht hüt lang.

3. Doch endlich, endlich ward dat Dag,
   dei Morgenstiern kümmt tau seihn.
   Wi führen nahstens gliek na Hus,
   und Mudder ward sick freu'n.

1. Sitt de Seelüd obends mol
   so bi Grog un Beer,
   ward vertellt so allerhand,
   as dat fröher weer.
   Seemannsgarn, mol fin, mol groff,
   ward denn kräftig spunn'n,
   wenn't nich ümmer Wohrheit is,
   denn is't eb'n erfunn'n.
   Un denn segelt wi so langsam rund Kap Horn.
   Un de See, de steiht von achtern un von vorn,
   un de Storm, de weiht ut Ost, West, Süd un Nor'n;
   un denn segelt wi so langsam rund Kap Horn.

2. Is dat mol'n bet'n later worrn,
   un dat is denn ut,
   de ool Grog smeckt gar to schöön,
   un du kümmst denn rut,
   seilst du so de Straat entlang,
   geist mol öber Stag,
   hest doch bannig Slagsiet kreg'n,
   dat weer'n slimme Nacht.
   Ja denn segelst du so langsam rund Kap Horn ...

3. Büst du naher ut de Foort,
   kummst op't Oolendeel,
   denkst noch oft, wi schöön dat weer,
   un vertellst noch veel.
   De Kinner höört andächtig to,
   sitt bi di op'n Schoot,
   dien Gedanken seilt wiet weg
   uemmer mit de Floot.
   Un denn segelst du ok manchmal rund Kap Horn ...

4. Un eer du di dat verseen,
   is dien Tiet to Enn.
   Un de letzte Reis', de kümmt
   dor na bob'n hen.
   Petrus lacht di fründlich an,
   seggt: Kumm rin, mien Ool,
   büst jo'n echten Seemann west,
   ober erst singt wi noch mol:
   Un denn segelt wi so langsam rund Kap Horn ...

155 Sitt 'ne lütte Diern up'n breeden Steen

1. Sitt 'ne lütte Diern up'n breeden Steen,
   fängt so bidderlich an to ween'.
   All de lütten Dierns
   de krieg'n een Mann,
   ick möt sitten un kieken mi dat an!
   Sitt 'ne lütte Diern up'n breeden Steen,
   fängt so bidderlich an to ween'.

2. Wenn se all een krieg'n, will ick ok een hebben,
   dat ick gor keen mag, kann ick ok nich seggen.
   Wenn se all een hebben,
   will ick ok een Mann,
   ick mag nich sitten un kieken mi dat an!
   Wenn se all een krieg'n, will ick ok een hebben,
   dat ick gor keen mag, kann ick ok nich seggen!

3. Kumm Jan-Friederich, nimm mi doch,
   twee olle Bedden, de heff ick noch.
   Dat ein dat is von Heu un dat
   anner is von Stroh,
   de Laken, de sünd ok man so un so!
   Kumm Jan-Friederich, nimm mi doch,
   twee olle Bedden, de heff ick noch.

4. Jan-Friederich stünn so steev un wiß,
   he schlög nich eens mit de Been op'n Disch.
   He harr mit mal de Piep verstoppt,
   he harr keen bäten Luft in'n Kopp.

5. Jan-Friederich stünn so steev un wiß,
   he schlög nich eens mit de Been op'n Disch.
   Sitt ne lütte Diern op'n breeden Steen,
   fängt so bidderlich an to ween'.

Slap Kindjen söt

1. Slap Kindjen söt,
   ik weeg di mit de Föt;
   buten geit dat wille Haf,
   dat weegt din Vader wull op un af:
   Slap Kindjen söt.

2. Slap Kind un dröm
   vun Vageln un gollne Böm!
   Ik hör de See de ganze Nacht,
   ik sitt un leng de ganze Dag:
   Slap Kind un dröm.

3. Slap du Engelsgesicht,
   he kummt gewiss trügg,
   un kem he nich, dat weer so swar,
   so seet un leng ik ümmerdar:
   Slap du Engelsgesicht!

Slap, Kinning, slap 157

1. Slap, Kinning, slap!
   Dien Vadding hött dei Schap,
   dien Mudding sitt in'n Rosengoor'n
   un spinnt dei Spol vull flässen Goorn.
   Slap, Kinning, slap!

2. Slap, Kinning, slap!
   Dien Vadding hött dei Schap,
   dien Mudding hött dei bunte Kauh,
   slap un dau dien Ögings tau.
   Slap, Kinning, slap!

3. Slap, Kinning, slap!
   Dor buten gahn dei Schap,
   dor buten geiht dei bunte Kauh,
   dor hürt doch woll mien Kinning tau.
   Slap, Kinning, slap!

So einsam is't an'n Strann'

Text: Martha Müller-Grählert

1. So einsam is't an'n Strann',
   sacht tüüt de Morgenwind,
   de Wellen trecken an'n Lann',
   dat flustert lies un lind.
   De witten Dünen ragen
   still in den Heven rup,
   in'n Osten ward dat gragen
   un treckt as Rosen up.

2. Bald is't, as steiht de Heven
   in helle, lichte Glaut,
   as övern Speigel swewen
   dei Wulken up dei Flaut.
   Dat is ein Füer un Blitzen,
   ein Schimmern un ein Glanz.
   Üm all dei Dünenspitzen
   Ligg't as ein Rosenkranz.

3. De Wind ward düller weihgen,
   bewegter ward dei See,
   un witte Möwen fleigen
   mit hellen Raup tau Höh.
   De Bülgen ruschen mächtig,
   as wullen s' ehr Freud verkünn',
   an'n Heven hell un prächtig
   wiest sich dei leiwe Sünn!

4. Doch wunnerbor Beginnen!
   O kiek doch, wo sei deit!
   Dei Sünn, dei leiwe Sünn, kiek,
   sei danzt vör luder Freud!
   Sei danzt — mit eins, don singt dat
   un juchzt dat öwerall,
   un »Fröhlich Ostern!« klingt dat
   wiet öwer Barg un Daal!

Spinn, mien leewe Dochter

1. Spinn, mien leewe Dochter,
   ick gew di een Rock!
   Nee, mien leewe Moder,
   dee ward mi to kott!
   Ick kann ni mehr spinnen,
   de Duumen, de Duumen,
   dee deit mi so weh.

2. Spinn, mien leewe Dochter,
   ick gew di een Hot!
   Nee, mien leewe Moder,
   de steiht mi ni got!
   Ick kann ni mehr spinnen,

de Duumen, de Duumen,
dee deit mi so weh!

3. Spinn, mien leewe Dochter,
ick gew di 'n Paar Schoh!
Nee, mien leewe Moder,
dee paßt ni darto!
Ick kann ni mehr spinnen,
de Duumen, de Duumen,
dee deit mi so weh!

4. Spinn, mien leewe Dochter,
ick gew di een Mann!
Ja, mien leewe Moder,
dee steiht mi wull an!
Ick kann ok noch spinnen,
de Duumen, de Duumen,
dee deit mi ni weh!

Steiht 'ne Galerie-Hollänner-Möhl 160

Text: Lisa Milbret; Melodie: Dieter Krüger

Steiht 'ne Galerie - Hollänn ermöhl up Mek-kel-bör-ger Land, de flie-tig ehre Flö-gel dreiht, is wiet-hen al be-kannt, ut ro-de Stein de Mu-ern wo 'n höl-ten Torm up-steiht, in den sick Möhlstein rie-ben, wo- her de Wind ok weiht. Uns

1. Steiht 'ne Galerie-Hollänner-Möhl
   up Meckelbörger Land,
   de flietig ehre Flögel dreiht,
   is wiethen al bekannt;
   ut rode Stein de Muern,
   wo 'n hölten Torm up steiht,
   in den sick Möhlstein rieben,
   woher de Wind ok weiht.

Refrain:
Uns Möhl steiht nich in Jabel,
se steiht ok nich in Sabel,
ehr Möhlenkrüz dreiht sick in'n Wind
bi Holtendörp in Dabel.

2. De Möller kickt ut 'n Finster,
   sin Arbeit makt de Wind,
   fix dreihn sick Rull un Walzen,
   as wenn s' mit 'n Düwel sünd.

Ji meint, dat gifft kein Düwel?
Verdammi, dat is wohr,
fragt doch den Möllermeister,
heff 'n seihn noch letztes Johr!

Uns Möhl steiht nich in Jabel ...

3. De Bur seit Kurn in 'n Acker,
freut sick, wenn 't wassen deit.
De Möller mahlt dor Mehl ut,
tofreeden hei sick dreiht.
Denn kriggt de Bäcker 't Mehl hen,
backt Kauken von un Brot,
wi Minschen sallen 't achten,
denn keinein litt giern Not.

Uns Möhl steiht nich in Jabel ...

161 — Still, min Hanne, hör mi to

Text: Klaus Groth; Melodie: Leonhard Selle

1. Still, min Hanne, hör mi to!
   Lüttje Müse pipt int Stroh,
   lüttje Vageln slapt in Bom,
   röhrt de Flünk un pipt in Drom.
   Still, min Hanne, hör mi an,
   buten geit de böse Mann,
   baben geit de stille Maan:
   Kind, wull hett dat schrigen dan?

2. Æwern Bom so still un blank,
   æwert Hus an Heben lank,
   un wo he frame Kinner süht,
   kik mal an, wa lacht he blid!
   Denn seggt he to de böse Mann,

se wüllt wider gan, denn gat sei beid,
denn stat se beid æwert Moor un æwer de Heid.
Still, min Hanne, still.

3. Still, min Hanne, slaap mal rar!
Morgen is he wedder dar,
rein so gel, rein so blank
æwern Bom an Himmel lank.
All in't Gras de gelen Blom,
Vageln pipt an Appelbom,
still, un mak de Ogen to,
lüttje Müse pipt int Stroh.
Still, min Hanne, still.

Text: Lisa Milbret

1. Still schaffte ein Mann
   sin Läbenswark
   ut Iesen, Stein un Holt,
   söcht Wohrheit in
   för sick un uns,
   wier grad un stark un stolt.

2. Kolt is de Stein,
   sin' »Mudder Ierd«,
   doch is ehr Hart so warm,
   se dröggt de Welt,
   as swore Dracht,
   up ehre beiden Arm.

3. Al väle Johrn, dörch Tiet un Ruum,
   de grote Engel swäwt.
   Dat brune Holt
   süht hüt noch ut,
   as wenn dat wasst un läwt.

4. Twölf Johr' höl an
   dat düster Reik,
   wat dusend warrn süll
   un as 't mit Füer
   unnergüng,
   bleew up de Ierd blots Küll.

5. Still schaffte de Mann
   sin Läbenswark
   ut Iesen, Stein un Holt,
   gifft Wohrheit uns,
   noch hüt an 'n Dag,
   dat läwt, dat ward nich kolt.

Störtebeker und Gode Micheel   163

1. Störtebeker und Gode Micheel
   dee roveden beide to glieken Deel
   to Water und ok to Lande,
   so lang dat it Gott van Hemmel vordrot,
   do moßten se lieden grote Schande.

2. Se togen vör den heidenschen Soldan,
   de Heiden wolden ein Werschop han,
   sine Dochter wolde he beraden.
   Se rischen und krischen als twe wilde Beern,
   Hamborger Beer drunken se geern.

3. Störtebekers sprack sick alltohand:
   »De Westersee is uns wolbekant,

311

darhen wille wi nu faren.
De riken Kooplüde van Hamborch
mögt em er Schepe nu waren.«

4. Se leipen ostwart langst dat Liet.
Hamborch, Hamborch, nu do dinen Flit,
an uns kanstu nichts gewinnen!
Wat wi ok willen bi di don,
dat wille wi balde beginnen.

5. Und dat erhörde ein sneller Bade,
de was van einem kloken Rade,
he quam to Hamborch ingelopen.
He fragede na des eldesten Börgemeisters Hus,
den Rad fand he tohopen.

6. »Mine leve Heren all dörch Gott,
nemet disse Rede nicht up vör Spott,
de ick ju will vorschaffen:
De Fiende liggen ju harde bi,
se liggen an wilden Haffen.

7. De Fiende liggen ju vör de Dör,
des hebbet gi Heren twier Kör,
se liggen dar an dem Sande.
Latet gi se wedder van hinnen teen,
des hebbet gi grote Schande.«

8. De eldest Börgemeister sprack alltohand:
»Gode Geselle, du bist uns unbekant,
worbi schölde wi di gelöven?«
»Dat schölde gi eddele Heren don
bi minem Eid und Trüwen.

9. Gi schölen mi setten up dat Vörkasteel,
so lange bet gi juwe Fiende seet
all to der sülvigen Stunde.

Spöret gi denn enigen Wank an mi,
so senket mi to Grunde.«

10. De Heren van Hamborch de togen ut,
    se gingen to Segel all mit der Flot
    all na dem Nigen Werke.
    Vör Nevel se konden nichtes sehn,
    so dunkel weren de Swerke.

11. De Swerke broken up, de Hemmel worde klar,
    de Heren van Hamborch gingen to Segel dar,
    groten Pris se wolden erwerven.
    Störtebeker und Gödeke Micheel
    de mosten darumme sterven.

12. Se hadden enen Holk mit Win genamen,
    darmede weren se up de Weser kamen,
    dem Koopmann dar to Leide.
    Se wolden darmede na Vlanderen reisen,
    men se mosten darvan scheiden.

13. »Höret up, gi Gesellen, drinket nu nicht mee,
    dar lopen dre Schepe in jenner See,
    uns gruwet vör den Hamborger Knechten.
    Quemen uns de van Hamborch an de Bord,
    mit en so möte wi fechten.«

14. Se brachten de Büssen an de Bord,
    to allen Schöten gingen se fort,
    do hörde men de Büssen klingen.
    Do sach men so mennigen stolten Held
    sin Levend to Ende bringen.

15. Se slogen sick dre Dage und ok dre Nacht,
    Hamborch, di ward ein Bös bedacht
    all to dersülvigen Stunde!
    Wat uns lange tovören is gesacht,
    des kame wi nu to Funde.

16. De »Bunte Koh« ut Vlanderen quam,
so balde se dat Gerüchte vornam,
mit eren starken Hörnen.
Se ging herbrusen dörch de wilde See,
den Holk wolde se vorstören.

17. De Schipper wol to dem Stürmann sprack:
»Drif umme dat Roder tom Stürbord an,
so blivet der Holk bi dem Winde.
Wi wille em lopen sin Vörkasteel entwee,
dat schall he wol befinden.«

18. Se lepen em sin Vörkasteel entwee.
»Trüwen«, sprack sick Gödeke Micheel,
»de Tid de is nu kamen,
dat wi möten fechten um unsen Lif,
dat mach uns schaden edder framen.«

19. Störtebeker sprack sick alsobald:
»Gi Heren van Hamborch, dot uns neen Gewalt,
wi wille ju dat God upgeven,
wille gi uns stan vör Lif und Gesund
und fristen unse Levend.«

20. »Nein«, sprack sick Simon van Utrecht,
»gevet ju gefangen all up ein Recht
und latet ju dat nicht vordreten.
Hebbet gi dem Koopmann neen Leid gedan,
des möget gi wol geneten.«

21. Und do se up de Elve quamen,
nicht veel Gudes se dar vornamen,
se segen de Köppe steken:
»Gi Heren, dat sind unse Mitkumpan«,
so sprack sick Störtebeker.

22. Se worden to Hamborch in de Hachte gebracht,
    se seten dar nicht lenger dan eine Nacht,
    all to densülvigen Stunden.
    Er Dod ward also sere beklacht
    van Frouwen und Junkfrouwen.

23. »Gi Heren van Hamborch, wi bidden eine Bitt,
    de wille gi uns afslan nicht,
    se bringet ju ok neen Quade:
    Dat wi mögen den Trurenberch upgan
    in unsem besten Gewade.«

24. De Heren van Hamborch deden en de Eer,
    se leten gan Pipen und Trummen vörn her,
    se hedden it lever entberet.
    Weren se nu in der Heidenschop gewest,
    se weren nicht wedder gekeret.

25. De Frone de heet sick Rosenfeld,
    he houwde so mennigen stolten Held
    mit einem frischen Mode.
    He stund in sinen gesnöreden Schoon
    bet an de Enkel im Blode.

26. Hamborch, Hamborch, des geve ick di den Pris,
    de Seerövers werden des nu wis,
    um dinetwillen möten se sterven.
    Des machstu van Golde eine Krone dregen,
    den Pris dedestu erwerven.

Werschop = Gelage
beraden = verheiraten
twier Kör hebben = zwischen zwei Möglichkeiten wählen
Nige Werk = Turm als Seezeichen auf der Nordseeinsel Neuwerk
Hachte = Haft
Quad = Böses
Trurenberch = Trauerberg, Hinrichtungsplatz

Suse, leiwe Suse

Suse, leiwe Suse,
wat russelt in 't Stroh?
Dat daun dei Willegäusings,
dei hebb'n jo kein Schauh.
Schauster hett Ledder,
kein' Leisten dortau,
dorüm gahn dei Willegäusings
noch ümmer ahn Schauh.

To Pingst'n, ach wie scheun, 165

Text: Heinrich Köllisch; Melodie: T. F. Schild

To Pingst'n ach wie scheun
Kummt nu Pingst-o-bend ran,
wenn de Na-tur so greun un all'ns no
denn geiht'n Le-ben an, de Mud-der
but'n geiht dat is een' woh-re Freid,
seept de Göörn von ach tern un von vörn,
be-son-ders for de Göörn, de heurt man
sünds wuschen nu un kämmt, denn kriegt se'n
raison - eern :⎯⎯ Weur Pingst'n
rei - nes Hemd,⎯⎯ un denn geiht't
doch erst bloß, denn goht wi los !
mit Ge-juch rin in de Puuch !
De Vad-der nu ton

317

1. To Pingst'n, ach wie scheun, — wenn de Natur so greun
un all'ns no but'n geiht, — dat is een' wohre Freid,
besonders for de Göörn, — de heurt man raisoneern:
Weur Pingst'n doch erst bloß, — denn goht wi los!
Kummt nu Pingstobend ran, — denn geiht 'n Leben an,
de Mudder seept de Göörn — von achtern un von vörn,
sünds wuschen nu un kämmt, — denn kriegt se 'n reines Hemd,

un denn geiht't mit Gejuch — rin in de Puuch!
De Vadder nu tonanner'n Morg'n
deit sick mit Proviant versorg'n:
Eier, Käs, Wust un Schinken,
ook verschiedenerlee to drinken.
Dormit keen Minsch de Tied versloppt,
treckt he noch den Wecker op,
un anner'n Morgen gegen soß,
dor schippert los de Troß.

2. De Vadder geiht voran, — een witte Maibüx an,
sien Jung kummt in de Mitt, — natürlich ook in Witt,
dorbi hebbt s' oppen Kopp — een fien'n Strohhoot op,
all'ns sauber un mit Schick, — grood wie gelickt.
Un nu kummt achterher — mit't allerlüttste Göör
in groot'n Kinnerwog'n — de Mudder angeschob'n.
De Dochter mookt de Sluß, — stolz, voller Hochgenuß,
in Arm mit ehr'n Freier, — een Piependreiher.
Een jeder, währ'nd se nu marschiert,
op eeg'ne Fusst sick amüsiert:
De Vadder vör, de kippt sick een,
de Jung dor achter grapst Sireen,
de Mudder mutt so in' Gedräng'n
den Lüttsten öfter dreug mol legg'n,
dat Liebespoor kummt achterher,
de snackt von em un ehr.

3. So geiht't bitt Quell'ntol, — dor leggt man sick nu dohl
in't scheune weeke Moos, — nu geiht dat Futtern los.
Een jeder matt un meud — langt no de Bodderbreud,
se fallt doröber her — grood as so'n Bär.
Dormit dat beter rutscht, — ward ut de Buddels lutscht,
de Vadder un de Söhn, — de hollt sick an den Kööm,
un ook de Piependreiher — is op den Buddel Freier,
de Dochter un de Froo — mookt't ebenso.
Bi lütten ward de Krom fidel,
man heurt jem sing'n ut vuller Kehl:

Vun Edelweiß, de Wacht am Rhein,
de Fischerin un Komm' Se rein!
De anner Siet de blarrt jedoch:
Lebt denn meine Male noch?
Im Grunewald ist Holzauktion!
Un denn noch Revolutschon.

4. Op eenmol, wie gemeen, — ehr eener sick versehn,
dor kummt vun boben dohl — een Regen kollosol!
De ganze Minschenschwarm — de kummt nu in Alarm,
de Froonslüd krischt un jucht, — de Mannslüd flucht.
De Vadder springt nu op, — glitscht ut un fallt dorop
grood op den Kinnerwogen, — de kippt un fallt in Groben.
He mit sien witte Büx — recht in so'n deebe Pfütz,
mitsamt dat lüttje Göör, — wat een Malheur!
   Een jeder socht nu Schutz to finn',
   de Minschen rennt dorch dick un dünn,
   de Mäkens un de Froons vorop
   mit all' de Röck' hoch boben Kopp.
   De Anblick is sehr int'ressant!
   Worum, dat liggt klor op de Hand:
   Bi sowat kriggt man, wie ick meen,
   verschiedenerlee to sehn!

5. Na endlich, no den Suus, — dor geiht dat nu to Huus,
de Vadder un sien Söhn — sünd nüdlich antosehn,
de scheune witte Büx — süht ut wie Stebelwix,
de Strohheud sünd so slapp — wie oles Papp.
De Brügam un de Brut, — de seht erst lecker ut!
De harr'n, wat sull'n se mooken, — sick beid' in Hei verkropen.
Dat allerlüttste Göör — weur dorchnatt dör un dör,
de Mudder weur so natt — as wie so'n Katt.
   De een schuwt achtern annern her
   grood wie de Geus, se könt nich mehr!
   Un dorbi alle Ogenblick
   verswind mol eener achtern Knick.

Grood wie gerädert un half dood
kummt se denn endlich an de Bood.
So ward in Hamborg Pingst'n fiert
un sick fein amüsiert.

Sireen = Flieder
Revolutschon = ein Couplet des Komponisten Köllisch

166 Trügg liggt sei, ach so wiet

Text: Helmuth Schröder; Melodie: Wolfgang Keller

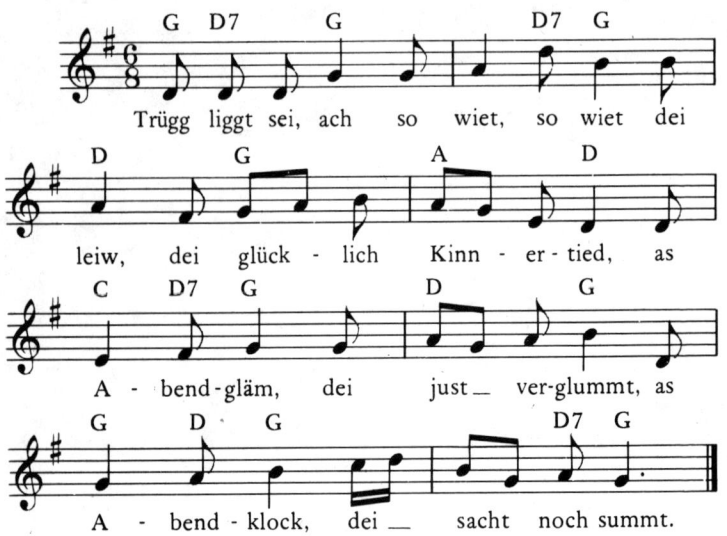

1. Trügg liggt sei, ach so wiet, so wiet
   dei leiw, dei glücklich Kinnertied,
   as Abendgläm, dei just verglummt,
   as Abendklock, dei sacht noch summt.

2. Wat geew dat Frühjohrs nich tau sein!
   Denn keem dei Adbor, keem dei Sprein,
   dei Wischen leeten gäl as Gold,
   vull Moesch un Öschen stünn dat Holt.

3. Un wenn't ok hüt noch singt un flüggt,
   un wenn't ok hüt noch bläut un lüch't,
   dei Oogen würn tau stump un swack,
   so sick tau freun, dat Hart tau fack.

4. As Abendklock, dei lies noch summt,
as Abendgläm, dei still verglummt,
ein säutes Bild, wenn ok verblaßt,
kumm, Kinnertied, noch oft tau Gast!

167 Tuck, tuck, tuck, mien Häuhneken

1. Tuck, tuck, tuck, mien Häuhneken,
   wat deist up mienen Hoff?
   Du plückst mi all die Bläumings af,
   du möckst mi dat tau groff!

2. Mien Mudding ward di schell'n,
   mien Vadding ward di slahn.
   O tuck, tuck, tuck, mien Häuhneken,
   wo ward di dat noch gahn!

Un as dat Mäke na Melken ging

1. Un as dat Mäke na Melken ging
   un sett sick unner den Bull'n:
   Zum Schockschwerenot! Wat is denn dat?
   Dat will jo gor nich strulln.

2. Se sett' sich unne de bunte Koh
   un melkt den Emme vull.
   Na dit is doch ene anne Näs!
   as bi dem verdammten Bull'n.

169 Un as dei Großvadder dei Großmudder nehm

1. Un as dei Großvadder dei Großmudder nehm,
   dunn wier dei Großvadder dei Brüüdigam
   un dei Großmudder, dee wier dei Bruut,
   dunn würden sei beid' tausamentruugt,
   dunn danzt dei junge Brüüdigam
   mit siene junge Bruut.

2. Un as dei Großvadder dei Großmudder nehm,
   dunn set ick up dei Hill un sehg mi dat an.
   Wer weit, wie dat noch kamen kann,
   wer weit, wie dat noch kümmt,
   wer weit, wer mi noch nehmen deit,
   wer weit, wer mi noch nimmt.

Un kümmt de leewe Sünndag an

du - del hei - del di - del, du - del di - del dum!

1. Un kümmt de leewe Sünndag an,
   denn seggt min Fru:
   Min leewe Mann, nimm du de Spaa
   un ick de Hack, un de Jung,
   de driggt de Piep Tobak.
   Heidel didel, heidel dudel, ...

2. Ick dösch gemütlich mit min Soehn
   un bring't ok glücklich rop na de Boen,
   un ick sett mi op de letzte Sack
   un stopp mi erst een Piep Tobak.
   Heidel didel, heidel dudel, ...

3. In de Winter, wenn de Abend lang,
   legg ick mi op de Kachelabenbank,
   von't Döschen ward een mod un matt,
   wo schön smeckt denn een Piep Tobak.
   Heidel didel, heidel dudel, ...

4. In de Fröhjahr, wenn de Dag sünd lang,
   nehm ick de Spaa un Hack to Hand;
   ick grav, min Fru, de hackt datt glatt,
   un de Jung de stoppt de Piep Tobak
   Heidel didel, heidel dudel, ...

5. Ens ging ick dör dat gröne Feld
   un dach, dat weer de wiede Welt,
   wo keen Schandarm nich hoppt un foppt,
   dar ward sick erst en Piep gestoppt.
   Heidel didel, heidel dudel, ...

6. Bemött mi ma en Hannelsmann,
   de bütt mi sine Waren an,
   he harr so'n schönen Siegellack,
   un ick dach ni an de Piep Tobak.
   Heidel didel, heidel dudel, ...

7. Nu is dat Leed denn endlich ut,
   un morgen gaht wi wedder rut:
   ick nehm de Spaa, min Fru de Hack,
   un de Jung, de driggt de Piep Tobak.
   Heidel didel, heidel dudel, ...

Unse gele Hinn

Text: Erna Taege-Röhnisch

1. Unse gele Hinn
   met eren roden Kamm
   hett all de söte Köörn uppickt,
   nu flüggt se up dät Hönerrick
   un sett' sick bobenan.

2. Schööpken is so mööd,
   schlöppt nu sacht un sööt.
   Wenn morgen fröh de Sunn upgeit,
   denn springt dät wär dörch Busch un Heid
   up sine quode Fööt.

3. Vögelken in'n Boom
   liggt ok al lang in' Droom,
   fängt bloß noch enns to jilpen an,
   em dröömt woll, dät't al flegen kann
   bet an den Wulkensoom.

172 *Up den Kamp von Doberan*

Text: Ilse Mühlbach; Melodie: Alfred Sitte

1. Up den Kamp von Doberan
   kannst du gaud spazieren gahn,
   un an't Handgelänner fien
   in den Rosengarden hin.
   Von den Bahnhoff nah de Post
   dat noch kein Maleß nich kost't,
   doch kümmst du dei Steinstraat neger,
   ward dat Plaster ümmer leger.

Refrain:
Lop man tau, lop man tau,
man blot nich up Stöckelschauh!
Lop man tau, lop man tau,
up fidele Schauh!

2. Un nu ierst de Köstergang
ach, hei makt dei Fäutings krank,
grad so as de Zägenmark.
Muurbad helpt mit swatten Quark.
Un nu hoch dei Linnenstraat
un dei Loopschauh jüst parat.
Pöttersbarg, du grote Qual,
ach wat is de Fautstieg schmal.

Lop man tau ...

3. Büst du von dat Stöckern blaß,
kumm tau Kamp up Kaffeetass.
Ihrt dei Stadt ook Severin,
Koppsteinplaster is noch in.

Lop man tau ...

173 Vör Johren stünn dat leger üm uns Cowboys

Text und Melodie: Wolfgang Kniep

1. Vör Johren stünn dat leger üm uns Cowboys:
   De Treckers nehmen tau, de Pier wiern knapp.
   Un blot an breiden Gang seech man uns den Cowboy an,
   denn statt de Pier, dor löpen wi Buern in'n Draff.
   Denn keem een Neuerer mit eenen Vörslag,
   un ick möt seggen, Minsch, de Kierl harr Plie!
   Hei säd, up natte Wischen kamt de Treckers gor nich rup —
   siet denn hett werrer Pier uns LPG.

   Refrain:
   He, he, he, he! Ick bün een Cowboy
   un mien Pierd heit Josefin.
   Dat is een echtet Meckelbörger Vullblaut
   un stammt ut een'n Stall von 't Gestüt Redefin!

2. Ganz locker gah ick oewer 'n LPG-Hoff,
   den Gürtel üm den Buk bet an den Darm,
   un slenker mit de Hänn' so ollich wiet von de Hüften,
   as harr ick Rasierkling'n ünner mien Arm.
   Denn hal ick dat Geschirr för Josefine
   un smiet den Sattel lässig oewer 't Pierd.
   Denn kickt se mi so an, as wull se seggen: »Holl de Luft an!«
   Na, Gott sie Dank, kann jo nich snacken so ein Diert.

   He, he, he, he! Ick bün ...

3. Eenmal in 't Johr dor is in'n Dörp Rodeo.
   Mien Pierd kriggt ümmer Whisky vör den Start.
   De Sonderpries is uns denn von Anfang an all sicher,
   för 't lustigste Pierd liggt hei p'rat.
   Den Piermess streu ick ümmer up de Ierdbeern,
   obschons mien Nahwer Zucker dorför nimmt.
   So is dat ümmer lustig bi uns Meckelbörger Cowboys,
   man is wer, wenn man ut de Country kümmt!

   He, he, he, he! Ick bün een ...

Vör ollen Tieden, da was et noch god

1. Vör ollen Tieden, da was et noch god,
   da ging et noch lustjen tau:
   wenn wie os' Arbeed hadde verricht,
   denn hadde wie ok Rauh.

Wie drünken ok det Sünndagsbeer
in osen Schulten Huus.
Det Mandags gingen wie wedder mit Lust
nah ose Arbeed uut.

2. Vörwahr ji Börger, ji glöfft us nich,
dat 't us nu so övel geit,
un dat 't in osen Dörpen
so ligge leike steit.
Wie aarme Burslükes, wie gille ja nix
un gäv doch so völl Gild!
Ach, wenn wie arme Burslükes nich wär,
we Düvel plög' ju dat Fild?

3. Im Samer, da is et doch gar to schön
bi osen leeven Veih!
Da dahst de Buck, da springet dat Schwien,
da biesen ok de Koi.
Ose junge Lämmerkes d' gahn gar t' schön
up d' gröne Weese rümmer:
Dat Jungeken un dat Mekeken
de könne gar to fründlikke daun.

Wak up, miens Harten Schöne

1. Wak up, miens Harten Schöne,
   zart Allerleewste mien!
   Ick hör ein söt Gedöne
   van kleenen Waldvögelien.
   Dee hör ick so leewlick singen,
   ick mein, ick seh des Dages Schien
   van Orient her dringen.

2. Ick hör de Hahnen kreihen
und spör den Dag darbie.
De kolden Windlien weihen,
de Sternen lüchten frie.
Singet uns Frouw Nachtegalle,
singt uns ein söte Melodie,
(se meld't den Dag mit Schalle.)

3. De Hemmel deit sick farwen
ut witter Farwe in Blau,
de Wolken don sick gerwen
ut swarter Farwe in Grau.
De Morgenröd deit her slieken:
Wak up, mien Leew, un mak mi frie!
De Nacht will mi entwieken.

Wat heww ick miene Heimat leew **176**

Text: Berthold Brügge; Melodie: Jochen Allihn

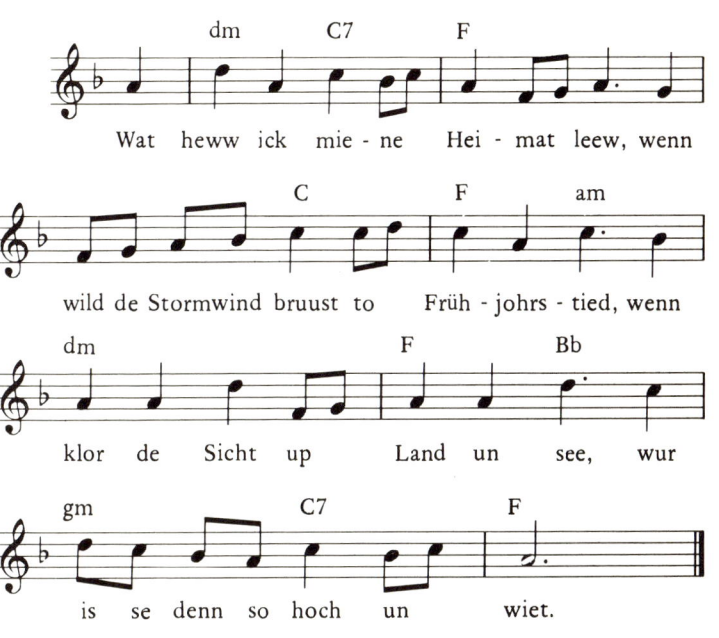

1. Wat heww ick miene Heimat leew,
   wenn wild de Stormwind bruust to Frühjohrstiet,
   wenn klor de Sicht up Land un See,
   wur is se denn so hoch un wiet.

2. Wur süht mien Heimat leewlich ut,
   wenn ut de slanken Barkentelgens breckt
   dat junge Grön un swartbunt Veeh
   up wiede frische Wischen treckt.

3. Wat heww ick miene Heimat giern,
   wenn't Sommerdag un blaag de Häben lüch't,
   wenn't Kuurn riept un Bloomen bläuhn
   un vör mi up de Lewark stiggt.

4. Wur is mien Heimat wunnerschön,
   wenn ehr de Sünn de letzten warmen Strahlen schickt,
   wenn Hohge Tiet un Aust vörbie,
   de Wind dörch harwstlich Bläder strickt.

5. Wat heww ick miene Heimat leew,
   wenn Riep un Snee liggt oewer Feld un Boom,
   wenn all dat Läben üm mi rüm
   dröömt sienen Frühjohrsdroom.

Wat kloppt an miene Dör

1. Wat kloppt an miene Dör?
   Steiht 'n Jungkerl dorvör,
   valleri juchhe, vallera juchhe!
   Wat kloppt an miene Dör?
   Steiht 'n Jungkerl dorvör,
   valleri juchhe, de ganze Nacht.

2. »Lischen, lat mi in,
   will hüt bi di sin.«

3. »Nee, dat doh ick nich,
   tru de Mannslüd nich.«

4. »Lischen, doh't man doch,
   tru din'n Leevsten doch.«

5. »Wat mien Leevsten is,
   slöppt to Hus all wiß.«

6. »Deern in Küll un Flag,
   krieg 'k ja Liewwehdag.«

7. »Kak to Hus di Tee,
   deiht di de Buk nich weh.«

8. Mien'n Kranz hol 'k wiß,
   bet mien Hochtied is.

Wat nehm ick mi denn für een'n Mann 178

1. Wat nehm ick mi denn för een 'n Mann,
   wenn all de Friegers kamen an?
   Ick mutt mi all bequemen,
   mi ok een Mann to nehmen.
   Denk mal 'n bitsken nah, ja, ja,
   denk mal 'n bitsken nah.

2. So 'n Köster is mi doch tau dull,
   dee schlägt den Kinnern d' Pückel vull,
   un seggt de Fruu denn ok noch wat,
   kriggt sei am End noch sülwst wat ab.

3. So 'n Seemann, dat is ok so 'n Mann,
 üm den de Fruu sich ängsten kann.
 Da mutt sei immer sinne,
 wo mag hei nu woll swimme?

4. So 'n Künstler, dat is ok man nischt,
 de Kierl hett tweierlei Gesicht:
 Des Morgens is hei blasse dot,
 des Abends makt de Schmink em rot.

5. So 'n Koopmann is mi ok nich recht,
 dee sien Komptor up 'n Puckel dreggt.
 Hei sitt un schrifft den ganzen Dag,
 fragt nah sien Fruu nich einsmal nach.

6. So 'n Doktor is mi gor nicht recht,
 versteiht hei nicks, kuriert hei schlecht.
 Wat dau ick ok mit so 'nem Mann,
 dee nich sien Fruu ernähren kann?

7. Een Preister is dat allerbest,
 da kümmt de Fru oft up de Köst.
 Sei bruukt sich nich tau sorgen,
 wat kaken wi denn morgen?

8. Ick glööw, ick nähm den iersten Mann,
 dee nahstens kümmt un kloppt hier an.
 Ob Preister, Koopmann, Kapitain,
 een ward ja woll de Rechte sein.

Wat weenst du di de Ogen blank

Text: Klaus Groth

1. Wat weenst du di de Ogen blank?
   Segg an: wat deit di weh?
   Is Vadder krank, is Moder krank?
   Is Broder ut to See?

2. »Och ne! mit Vader hett' keen Not,
   un Moder spinnt dat Flass,
   doch weert mi beter, weer he dot
   un ünnert gröne Gras.

3. Ja, beter leeg he kold un still
   al ünnern Likensteen.
   De Wind is lud, de See is wild,
   un ik mutt ween'n un ween'n.«

4. Un gung de See ok noch so krus
   un noch so arg to Kehr:
   Al menni Schipper keem to Hus,
   de lang vergeten weer.

5. So ween di nich de Ogen blank,
   un wisch di man de Tran'n;
   en junge Blot, en nie Plank
   de ward ni ünnergan.

6. »Un leeg he inne depe See,
   dat weer em wul to günn',
   dar hör he nix vun Angst un Weh
   un Schimp un Schann un Sünn. —

7. Dar keemn Soldaten, blink un blank,
   de weern so smuck to sehn,
   dar gungn Soldaten flink un frank,
   do fung ik an to ween.

8. Un ween mi noch de Ogen ut,
   un bün so hartsbedröft,
   he weer so jung, he weer so gut,
   ik harr em allens lövt.

9. He weer so jung, he weer so slank,
   he sä, he keem so bald,
   nu hör ik al de Weken lank,
   wa Lof un Blæder fallt.

10. Un kummt he nu un nimmermehr,
    wo schall ik eenmal hin!
    So sack ik as dat Lof na Eer,
    vær Schimp un Schann un Sünn.«

Wecker steckt sien Näs in jeden Dreck 180

Wecker steckt sien Näs' in jeden Dreck?
Wecker jöggt uns all dei Bad'gäst weg?
Wecker deit dor in dei Dünen krupen?
Wecker nimmt uns' Voegel weg de Rupen?
Dei Pap, dei Pap, dei Pap!

Wecker hett mit ganz Warnmünn sick klagt?
Wecker makt väl Argernis den'n Vagt?
Wecker hett dat unverschämteste Mul?
Wecker hett verklagt den'n Kulengräwer Smuhl?

Wecker is bekannt dörch de ganze Welt?
Wecker günnt de Afkaten dat meiste Geld?
Wen hebben s' up 'n Strich ganz grugelich?
Wecker makt sick ümmer so lächerlich?

Wecker löppt hier rüm als Hauhn ahn Kopp?
Wecker drögt den'n allergrötsten Zopp?

Wecker seggt: de Warnmünner is kein Christ?
Wecker is hier de geheime Stadtpolizist?

Wecker stüert de Doden in ehren Fräden?
Wecker hett an'n Graff dat Singen nich läden?
Wecker stött Fru Smuhl mit de Fust vör de Mag',
dat se noch hüt oewer Weihdag klagt?

Wecker löppt dor rüm mank Rägen un Snei
un jagt den'n Hahn, dat he nich kreih?
Wecker schickt uns ümmer von Arm nah Riek?
Wecker bringt in 'n Dörp ein Kattenmusik?

Wecker det den'n Kanter nie wat to Leden?
Wecker det uns sünndags de Arbeit verbeden?
Wecker det so up de Kanzel dunnern
un sick oewer jede Koembuddel wunnern?

Wecker hölt Schane Mayer sin'n Damper an?
Wecker let nich ruhig to See em gahn?
Wecker will hier ümmer ganz heilig sien
un is doch dat allergrötste Swien?

Wecker is in Warnmünn de gröttste Borg?
Wecker sett't all Lüd' in Angst un Sorg?
Wecker daun wi giern ens düchtig foppen
un ok gehürig den'n Puckel utkloppen?

Wecker grippt den'n Melkknecht an den'n Kragen
un det sick mit em herümmerslagen?
Wecker nimmt uns Kinner giern weg de Schöttels?
Un wen besmiten se giern mit Köttels?

Wecker wunnert sick oewer uns Frugens ehr Röck?
Wecker sleit de Jungs mit armdicke Stöck?
Wecker kümmt, wenn hei noch länger hier blifft,
toletzt noch in 'n Kathrinenstift?

Weer mal en Buer, de wull in de Stadt

Text und Melodie: Knut Kiesewetter

1. Weer mal en Buer, de wull in de Stadt.
   He harr de Langewiel op sien Hoff satt.
   Seggt to sien Knech:

»Ick bliev weg för'n paar Dag,
pass schön op, op mien Hoff,
op mien Fruu, Peerd un Waag.«

2. Un as de Buer sien Dörp wedder seech,
Dar weer sien Geldbüdel meist op de Weg.
Mööd vun de Stadt un de Haarbüdeli
gung he in Richtung Hoff un he fleut noch darbi.

3. As he so vör sick hengeiht, dar süht he sien Knech,
de weer mit Peerd un Waag na dat Dörp op den Weg.
He fragt sien Knech: »Gifft wat Niees bi't Huus?«
Doch sien Knech seggt blots: »Ne, gifft nix Niees bi't Huus.«

4. »Wo schasst du denn so laat mit Peerd un Waag hen?«
»Gau noch to Dörp un ick koop en paar Swien.«
»Sünd denn de Swien, de wi hebbn, di nich recht?«
»De sünd uns doch all dootbleven«, seggt darop de Knech.

5. »Wovun keem dat denn?« fragt dar de Buer ganz baff.
»Is doch ganz klar, unse Schüün brennte af!«
»Wo kunn de Schüün denn in Füür opgahn?«
Seggt de Knech: »Bi de Wind sünd de Flammen överslahn.«

6. Fragt de Buer: »Wovun kunn denn de Flammen överslahn?«
»Vun dat Huus bi de Schüün, wo wi all doch bin wahnen.«
»Wovun hett denn dat Wahnhuus noch brennt?«
fragt de Buer, de sick bald gar nich utkennt.

7. »Vun all de Kerzen«, seggt darop de Knech.
»Wieso denn Kerzen, ick hör woll nich recht!
Wi hebbn doch Strom, nu vertell blots keen Mis'.«
Seggt de Knech: »Man bruukt Kerzen, wenn een dootbleven
is.«

8. »Wer is denn dootbleven, mi wart al ganz slecht!«
»Dat weer dien Fruu«, seggt ganz sinni de Knech.

»Erna is doot, wo kann dat denn angahn?«
»Se wull rop, op de Böhn un is darbi dalslahn.«

9. Nu stöhnt de Buer: »Wo kann dat denn angahn?
Wo kunn denn Erna de Ledder dalslaan?
Ick heff ehr mannichmal darop stahn sehn.«
Seggt de Knech: »Darbi is se woll nie so duun ween!«

10. »Se hett doch meistens en Haarbüdel hat,«
seggt noch de Buer, dat klingt al ganz matt.
Dar seggt de Knech, as de Luft em utblifft:
»Ja, ick segg doch al lang, dat dat nix Niees gifft.«

182 Wenn abends rot de Wulken treckt

Text: Klaus Groth; Melodie: Leonhard Selle

1. Wenn abends rot de Wulken treckt,
   so denk ik glik an di!
   So trock værbi dat ganze Heer,
   un du weerst mit derbi.

2. Wenn ut de Böm de Blæder fallt,
so denk ik glik an di:
So full so menni brave Jung,
un du weerst mit derbi.

3. Denn sett ik mi so truri hin
un denk so vel an di.
Ik et alleen min Abendbrot —
un du büst nich derbi.

183 Wenn de Pott œwer nu een Lock hett

1. »Wenn de Pott œwer nu een Lock hett,
   mien leewer Heinerich, mien leewer Heinerich?«
   »Stopp 'n to, mien leewe Liese,
   leewe Liese, stopp 'n to!«

2. »Womit sall ick em denn tostoppen?«
   »Mit Stroh!«

3. »Wenn dat Stroh œwer nu to lang is?«
   »Hau wat af!«

4. »Womit sall ick dat denn afhaugen?«
   »Mit 'n Biel!«

5. »Wenn dat Biel œwer nu stump is?«
   »Mak dat scharp!«

6. »Wo up sall ick dat denn scharp maken?«
   »Up 'n Steen!«

7. »Wenn de Steen œwer nu to drög' is?«
   »Mak em natt!«

8. »Womit sall ick em denn natt maken?«
   »Mit Water!«

9. »Wo in sall ick denn dat Water halen?«
   »In 'n Pott!«

10. »Wenn de Pott œwer nu een Lock hett,
    mien leewer Heinerich, mien leewer Heinerich?«
    »Lat't sien, leewe, leewe Liese,
    leewe Liese, lat't sien!«

Wenn de Wind dör de Bööm weit

Text und Melodie: Knut Kiesewetter

1. Wenn de Wind dör de Bööm weit,
   un Gras nich mehr wassen deit
   un geel al ward.
   Dann kummt bald de Tied.
   Wenn de Storm över't Feld geiht,
   wo lang schon keen Korn mehr steit
   un Mehl al ward.
   Dann is bald so wiet.
   Dat de Dach kötter ward
   un de Nach de duert lang
   un de Kinner vun Naber,
   de warn in Düstern bang.
   Wenn de Reg'n vun't Reitdack dröppt,
   min Söhn buten gauer löppt.
   Sunst ward he natt,
   denn snurrt bin de Katt.

2. Wenn de Wind dreiht, von Nord weiht
   un Reg'n geg'n de Finster neiht,
   de Schieb'n dal rennt,
   denn föhl ick mi wohl.
   Wenn dat Füer in Kamin brennt

un jeder di bi'n Vörnam nennt,
weil he di kennt,
denn is uns Hus vull.
Denn de Nabern sind disse Tid
uk nich gern alleen
un de Teepunsch an Füer
mokt de Wedder wedder schön.
Wenn de Bledder sik brun farft
un Water steiht inne Grav,
dann ward dat Harvs
op uns Fresenhof.

Wenn hier ein Pott mit Bohnen steiht

1. Wenn hier ein Pott mit Bohnen steiht
un dor ein Pott mit Brie,
denn lat ick Brie un Bohnen stahn
un danz mit mien Marie.
Wenn mien Marie nich danzen kann,
denn hett sei scheiwe Bein,
denn treck ick ehr den Kleedrock an,
denn is dat nich to seihn.

2. Wenn mien oll Fruu mi slagen will,
denn weit ick, wat ick dau,
denn stäk ick sei in 'n Hawersack
un bind em baben tau.
Un wenn sei mi denn bäden deit:
»Ach, leiwe Mann, mak up!«
Denn bind ick em noch faster tau
un sett mi baben up.

Wenn Pingsten is

Text: Fritz Meyer-Scharffenberg; Melodie: Jochen Renz

1. Wenn Pingsten is, wenn Pingsten is,
   denn ward de Nacht taun Dag,
   denn sett de Seils,
   den Kurs stäkt af,
   de blage Ostsee lacht.

2. Wenn Pingsten is, wenn Pingsten is,
   denn lacht un jucht mien Diern,
   denn flüggt un lücht de rode Rock,
   wi hefft dat Läben giern.

3. Wenn Pingsten is, wenn Pingsten is,
   denn gahn wi all tau Danz,
   denn sett wi uns in't lüchtend Hoor
   den iersten Blaumenkranz.

4. Wenn Pingsten is, wenn Pingsten is,
   denn greunt un bläuht de Welt,
   denn schient de Sünn,
   de Acker dröömt
   von'n gülden Weitenfeld.

Wer mi nich in de Ogen kieckt

Text: Otto Schröder; Melodie: Klaus-Peter Winter

1. Wer mi nich in de Ogen kieckt,
   so slusig bi mi rümmer slickt,
   sin Hand nich fast in min rinleggt,
   wer mi nich drist de Wohrheit seggt,
   de mag süss wesen, wat hei mag,
   ick mag em nich, dat's nich min Slag.

2. Un wer gor weil he mihr het liehrt,
vör sin Öllern sick geniert,
un dankt ehr nich tau jede Tied,
steiht ehr nich leiw un tru tau Siet
de mag süss wesen ...

3. Un wer sin Heimat nich recht ihrt,
woll gor sin Moddersprak verliehrt,
vel lewer för wat anners gelt,
nich stolt sik tau sin Landslüd tellt,
de mag süss wesen ...

4. Wer över tru sick sülven bliwt,
sin Öllern Leiw un Ihren giwwt,
ok tau sin Muddersprak sick höllt,
för sin Meckelbörg sick stellt,
mi drist de Wohrheit seggen mag,
den hew ick giern, dat is min Slag.

1. Wi Börgers sünd beduernswiert,
   wat sällen wi dorbi maken?
   Dei niege Welt ist ganz verkiehrt,
   dei lat't juch suer kaken.
   Ach gaht mi mit den niegen Kram,
   von den ji so veel prahlen:
   Wi Börgers hewwn dei Last dorvon
   un möten allens betahlen.

2. Wat dau ick mit den Majestrat,
   wat dau 'k mit dei Regierung?
   Wi Börgers weiten sülwst uns Rat
   un bruken kein Beliehrung.
   Wat dau ick mit dat Perlement?
   Wat dau ick mit dei Wahlen?
   Wi Börgers hewwn dei Last dorvon
   un möten allens betahlen.

3. Wat sall woll son Gymnasium,
   wat sall woll dat Studieren?
   Uns Jungs dei bliewen liekers dumm
   un willn kein Handwark lieren.
   Avkaten, dücht mi, giwt dat naug,
   dei sall dei Düwel halen!
   Wi Börgers hewwn dei Last dorvon
   un möten allens betahlen.

4. Dei jungen Lüd von hüt tau Dag
   willn sick blot amunsieren.
   In't Gasthus supen s' Lag up Lag,
   nahst krupens bi dei Dirnen,
   un kümmt de Adebor in Sicht,
   drückt sich son Kierl verstahlen.
   Wi Börgers hewwn dei Last dorvon
   un möten allens betahlen!

5. Dei Wiewer möten hüt sich gor
   dei roden Backen witten.
   Sei drägen falsche Tähn un Hoar
   womäglich falsche T ...
   Sei hewen sick den Noars bepackt,
   sei klimpern, singen, malen.
   Wi Börgers hewwn dei Last dorvon
   Un möten allens betahlen!

6. Doch dits noch allens Kinnerspeel,
   dat Schlimmst sünd dei Soldaten.
   Ne, wat tau veel is, is tau veel,
   dat will w' man god sin laten:
   Dei Masse Büchsen, Röck und Knöp,
   dei Masse Stäwelsahlen!
   Wi Börgers hewwn dei Last dorvon
   un möten allens betahlen!

7. Wi Börgers sünd beduernswiert,
   wat sällen wi dorbi maken?
   Dei niege Welt is ganz verkiehrt,
   dei lat't juch suer kaken.
   Ach, gaht mi mit den niegen Kram,
   von den ji so veel prahlen:
   Wi Börgers hewwn dei Last dorvon
   un möten allens betahlen!

Wi knüppen un **189**
wäben en Teppich för't Läben

Text und Melodie: Rudolf Stundl

1. Wi knüppen un wäben en Teppich för't Läben.
   Wull is all in' de Krien: Uns' Vadding sall schnied'n!
   Wenn ick sall schnied'n,
   schnied ick rot, schnied ick witt, schnied ick schwart,
   bunt mag'k em lied'n.
   Dei Möw up dei See is witt as dei Schnee,
   up teerschwarte Boot dei Sägel sünd rot.

2. Wi knüppen un wäben en Teppich för't Läben.
   Wull is all in de Krien: Uns' Mudding sall schnied'n!
   Wenn ick sall schnied'n,
   schnied ick rot, schnied ick gel, schnied ick brun,
   so mag'k em lied'n.
   Dei Bläder ward'n brun, gel riept all dat Kurn,
   de Harwst, de is rot, hei bringt uns dat Brot.

3. Wi knüppen un wäben en Teppich för't Läben.
   Wull is all in de Krien: Uns' Bräuding sall schnied'n!
   Wenn ick sall schnied'n,
   schnied ick rot, schnied ick gel, schnied ick blag,
   so mag'k em lied'n.
   Ein lütt rode Mund, un de Hoor, dei sünd blond,
   ein blagögte Diern, dei hew ick so girn.

Wie grün sind doch die Tann' 190

1. Wie grün, wie grün sind doch die Tann',
und wenn das Laub umhangt.

»Ach wenn doch käm ein Junggesell
und führt mich aus dem Tann'.«
Dor kem mal eens 'n Bäcker her:
»Ach Jungfer, wär sie mein!«
»O nee, o nee, du Snuuf-in 'n-Ab'n,
du hest dien Näs' mit Asch besnab'n.
Du büst, du büst, du büst nicht hübsch und fein,
es soll, es soll, es soll ein andrer sein.«

2. Wie grün, wie grün ...
Dor kem mal eens 'n Scheper her:
»Ach Jungfer, wär sie mein!«
»O nee, o nee, du Spring-œwer 'n- Grab'n,
du hest jo so 'ne Hammelwaden!
Du büst, du büst ...«

3. Wie grün, wie grün ...
Dor kem mal eens 'n Schauster her:
»Ach Jungfer, wär sie mein!«
»O nee, o nee, du Pickeldraht,
du neihst so männig falsche Naht!
Du büst, du büst ...«

4. Wie grün, wie grün ...
Dor kem mal eens 'n Jäger her:
»Ach Jungfer, wär sie mein!«
»O nee, o nee, du Kiek-in 'n-Busch,
du giffst jo all jung' Mätens 'n Kuß!
Du büst, du büst ...«

5. Wie grün, wie grün ...
Dor kem mal eens 'n Schinner her:
»Ach Jungfer, wär sie mein!«
»Ach ja, ach ja, du Schinnerknecht,
du büst jo allen Mätens recht!
Du büst, du büst jo hübsch und fein,
dat sall un möt un dörf kein andrer sein!«

Wie komm ick an dien Vadderhus

Textbearbeitung: Gruppe Landleute

1. Wie komm ick an dien Vadderhus,
   segg leiwet Mäken mi?
   Gah du de Straat man gradeut,

denn kümmst du an mien Vadderhus.
Refrain:
Un allemal un allemal
un allemal bi de Nacht.
Ja bi de Nacht, wenn 't düster is,
keen Minsch up de Straten is,
un allemal un allemal
un allemal bi de Nacht.

2. Wie komm ick an dien Kammerdör,
segg leiwet Mäken mi?
Holl du di ümmer rechter Hand,
dor hängt de Schlöddel an de Wand!

Un allemal un allemal ...

3. Wie komm ick unner diene Deck,
segg leiwet Mäken mi?
Dat du so'fröggst, dat nimmt mi Wunner,
nimm hoch de Deck un krup man unner!

Un allemal un allemal ...

4. Wo legg ick mienen Buk wol hen,
segg leiwet Mäken mi?
Legg dienen Buk up mienen Buk,
so ist dat allemal de Bruk.

Un allemal un allemal ...

5. Wo legg ick hen mien Schnipper di Schnapper,
segg leiwet Mäken mi?
Twischen miene Bein ward'st du wat ertappen,
dorin lat em man hurtig schnappen.

Un allemal un allemal ...

6. Un wenn ick di wat Junget mak,
   segg leiwet Mäken mi?
   Makst du mi ein't, so ward't gemakt,
   stöd man drup tau, dat dat Beer so kracht.

   Un allemal un allemal ...

7. Wat sall ick denn an'n Morgen daun,
   segg leiwet Mäken mi?
   Stah du man up un gah davon
   un segg, du hest mi recht gedan.

   Un allemal un allemal ...

Wihnachtenabend

Text: Rudolf Kinau

Wihnachtenabend,
denn geiht dat von baben,
denn klingen de Klocken,
denn danzen de Poppen,
denn pipen de Müs'
in Großvadder sin Hüs',
denn pipen de Müs'
in Großvadder sin Hüs'.

Wille jy Herren uns recht verstahn

1. Wille jy Herren uns recht verstahn,
   wo idt in Rügen is togahn,
   wol in den Winter- Dagen:
   de Wülffe wurden verfolget sehr
   um eene kahle Acker- Mähr,
   de se hadden genaget.

2. De Puddebußer Amtmann ging dor stahn:
   »Herr Land- Vagt, dat sy juw kund gedahn,

wy sind in Noth un Gefahren.
Wy hebben gewißlich eenen Wulff im Land,
dat is keen Lägen edder Tand,
ick hebbe gesehn syne Spahren!«

3. De Land- Vagt verfehrſde sick so sehr,
do he hörde dißhe nyge Mähr,
de Knaken deeden em beven.
He leet idt kündigen in allen Karcken:
se schölden kahmen mit Spaden un Forcken
un nehmen dem Zubbelcken dat Leven.

4. Adam Jasmund sprack uht thornigem Moht:
»De Wülffe sind den Apen nich goht,
se dohn se trabbeln un biethen.«
He ging schnell un geschwinde darvan
un tog syne Pantzer- Handschen an;
he wolde se als Apen griepen.

5. Arend van Rahden sprack: »Leve Söhne myn;
by dißer Wulffs- Jagd möhten wy syn.
Vör uns schall he sick packen!
Wy willen mitnehmen eene Kiepe vull Klüht,
darumb so will ick ock noch hüth
dagegen lathen welcke backen.«

6. Alß Hans Krassow dißen Striedt vernam,
bald he mit syner Kiepen quam,
darinnen hadde he Wüste,
dartho ock eenen Schwienes-Magen,
darvon he wolde up dem Jagen
ethen, wenn idt em gelüste.

7. Hinrich von der Osten ward ock citeert,
tho helpen verjagen dat Undeerth.
He wolde man nich pareren;
he holde idt man vör een Gedicht

un wolde idt ock löven nich,
dat Wülffe im Lande wären.

8. Hans Gagern was frantzösisch gekledt,
un up allemodische Wyse he redt.
Syn Bart waß upgestutzet.
Dat fehlde an de Buhren man,
dat don de Wulff nich quam heran,
süß hadde he em weggeputzet.

9. Don ging de grote Wulffs-Jagd an.
Idt ging Befehl in 't Land an jedermann,
dat Nette hadde Victor Scheele,
dat hadde em Major Rhau geschickt,
dat was mit Rasch een beten flickt,
süß was idt noch recht heele.

10. Se streecken dorch dat gantze Landt,
se draugten dem Wulffe Füer un Brandt,
doch funden se keene Spähre,
bet dat se an den Kowall keemen
un dar von eenen Buhren vernehmen:
de hadde em gesehn vör syne Döhre.

11. Se folgden de Footspar nah,
se reepen: Ohm un Schwager, stah!
hier schall he dat Leven laten.
Wo he uns ditmahl ock entstrickt,
so sind wy nich een Ogenblick
seker in unse Kahten.«

12. Se reden vullens dorch dat Heck.
Da fund de Buhr een Stücken Dreck,
dat gaf he en tho proven.
He seede: »Dat is noch recht warm;
idt kümmt erst uht den Wulffes-Darm,
dat möhten jy seker löven.«

13. Indem so sprung dat Deert heruht;
se reepen över Loht un Kruht
un quemen em tho Felle.
De Wulff, de konde nich över Stühr,
he sag vör sick dat Fegefüer
un achter sick de Helle.

14. He deede so mancken groten Sprung,
he schonde wedder old noch jung,
een jeder wolde em döden.
Doch konde he endlich nichts mehr;
he mußte uhtstrecken alle Veer
un reen tho Dode blöden.

15. Don ging idt een Prahlen an:
een jeder wold' de beste Mann
un Hahn im Korve wesen.
Un don dat Ding quam vör den Dag
un man den Zubbelcken recht besag,
don kreegen se lange Näsen.

16. Don was idt des Preesters ruge Hund;
de was een betken griese- bund,
de hadde se verstöret.
Also leep diße Jagd henuht:
De Hund, de hadde mit syner Schnuht
dat gantze Land vexeeret.

17. Dit Leed is thor Kortzwiel erdacht,
keen ehrlick Mann dadorch veracht,
dat schall een jeder weeten.
Wär' nich angestellet diße Jagd,
so wäre dit Land ock nich gemackt:
drum kann idt nemand verdreten.

Wo de Ostseewellen*

Text: Martha Müller-Grählert; Melodie: Simon Krannig

1. Wo de Ostseewellen trecken an den Strand,
   wo de gele Ginster bleugd in 'n Dünensand,
   wo de Möven schriegen grell in 't Stormgebruus,
   dor is mine Heimat, dor bün ick to Hus.

2. Well- und Wogenrauschen war min Weigenlied,
   un de hohen Dünen sehgn min Kinnertied,
   sehgn uck all min Sehnsucht un min heit Begehr,
   in de Welt to fleigen œwer Land un Meer.

3. Woll hät mi dat Lewen dit Verlangen stillt,
   hät mi allens gewen, wat min Herz erfüllt.
   Alles is verswunnen, wat mi quält un drew,
   hev dat Glück nu funnen, doch de Sehnsucht blev.

4. Sehnsucht na dat lütte, kahle Inselland,
   wo de Ostseewellen trecken an den Strand,
   wo de Möven schriegen grell in 't Stormgebruus,
   denn da is min Heimat, dor bün ick to Hus.

* Erstfassung des Liedes: »Wo de Ostseewellen trecken an den Strand«; bekannt auch als »Wo de Nordseewellen ...«

Wo ik herkam

Text: Helmut Debus

1. Wo ik herkam,
   is dat Land so free un wiet,
   waßt dat Gras un bleuht de Klee,
   rückt de Luft na Solt un See,
   blänkert Water, ruschelt Reith,
   jagt de Wulken, Wind de weiht,
   wo ik herkam.

2. Jeden Dag
   tweemal loppt de Floot dar an
   öwer't Watt un Butenland,
   stiggt an Diek un Öwerrand,
   wöhlt un spöhlt um Pahl un Steg —
   sackt denn sinnig wedder weg
   jeden Dag.

3. Miene Lüüd
   gaht eern stillen, sturen Gang.
   Wat se willt, dat fat se an,
   holt eer Wurt un staht eern Mann.
   Bloß wat eer in't Harten liggt,
   seggt se nich, seggt se nich
   miene Lüüd.

4. Wo ik herkam,
   is dat Land so free un wiet,
   waßt das Gras un bleuht de Klee,
   rückt de Luft na Solt un See,
   blänkert Water, ruschelt Reith,
   jagt de Wulken, Wind de weiht,
   wo ik herkam.

Wo sünd min Johren bleben

Text: Helmuth Schröder; Melodie: Wolfgang Keller

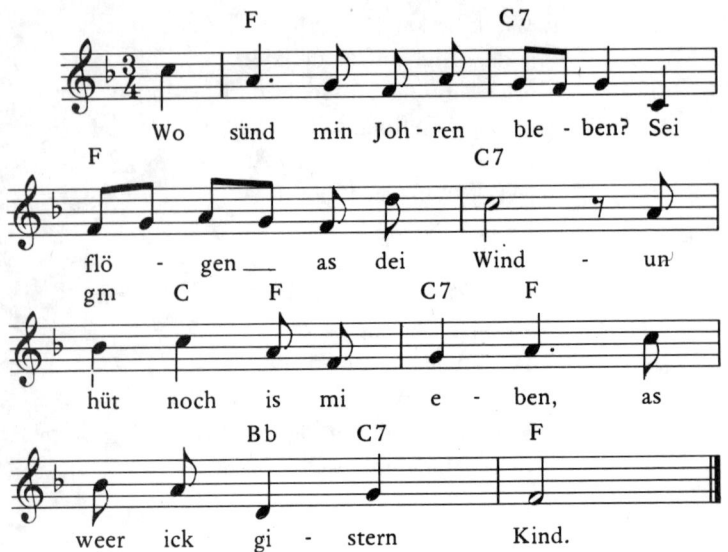

1. Wo sünd min Johren bleben?
   Sei flögen as dei Wind —
   un hüt noch is mi eben,
   as weer ick gistern Kind.

2. Wo sünd min Johren bleben?
   Dei Wulken weern sei gliek.
   Mi is, as harr ick eben
   noch spält mit Nahwers M'riek.

3. Wo sünd min Johren bleben!
   Sei leeten gorkein Läus.
   Mi is, ick hödd soeben
   noch up de Brak de Gäus.

4. Wo sünd min Johren bleben!
   Verflagen sünd s' as Rok —
   Un süll ick s' nochmals leben,
   ick würr ok denn nich klauk.

Wol ünner den Lindenbom gröne

1. Wol ünner den Lindenbom gröne,
   dar rid ick na min Leev.
   Un ob ick rid bi Tiden,
   min Leev dat wär dar nich.

2. Un ob ick rid bi Tiden,
   vertroggen mußt du sin.
   Wi wullen to'n Abend wandeln
   un maken en Rosenhot fin.

3. En Rosenhot vun Blomen
   mit een Kronband or twee.

Wat dä min Leev mi schicken,
vun wit her över de See?

4. Wat dä min Leev mi schicken?
Vun wit her en Breeflin kleen.
Wat steiht denn darin schreeven
in sinem Breeflin kleen?

5. Wat steiht denn darin schreeven?
Jungfern, lest all den Breef!
All sprekt de Jungmann fine,
glöwt jüm darum doch nich.

6. All sprekt de Jungmann fine,
se hebben en losen Sinn.
De Appel, de noch in Blomgorn steiht,
de het den Worm all in.

7. Min Blomgorn, de is slaten,
dar kummt keen een mehr in,
keen annern as de Nachtigall,
de flüggt vun baben rin.

Woväl is dat Läben wiert

Text: Wolfgang Rieck

Dat is nu all 'n poor Johr her, dat min Grotmudder noch läwt hett, man an wat ik ümmer wedder denken möt, is dat Bild up ehr Kommod, dat Photo. Een stolzen Suldat in de Uniform vun de Kaiserlichen wier dor up tau seihn. He wier mien Grotvadder, man kennen liert heff ik em nich. In den »Rostocker Anzeiger« vun 'n 17. Juni 1917 heff ik em funn'. Hans hett he heeten; öwer he wier keen »Hans in 'n Glück«. Mit 28 Johrn wier he old noog een dütschen Helden tau warden, sien Läben tau laten för den Kaiser un dat Vaterland. Ob mien Grotmudder dormals ok so dacht hett? Se seet dornah alleen mit ehr twee Mäkens und dat drüdde Kind süll noch kamen! Den Jung, de dunn keem, het se Hans döfft. — Villicht wier he een »Hans in' n Glück«, denn he is wedderkamen as de 2. Weltkreeg ut wier; un he is taufällig mien Vadder worden.

1. Woväl is dat Läben wiert,
   wenn de Dod tosleiht ohn Ünnerscheed?
   Woväl Leed dreggt disse Ierd,
   wenn de Ehr Dotbliewen heet?

2. Wat blifft nah vun dissen Minsch,
   de sien Läben nich hett läben kunnt?
   Wat blifft nah vun all sien Dröm,
   wenn' blots'n Graffsteen noch dor findt?

3. Hans ohn Glück, wat hest du daan?
   Wovör büst in'n Kreeg du gahn?
   Büst doch vör den Dod tau jung,
   de mit di nah Frankreich güng!

4. Sünn schient dörch dat Karkhoffdur,
   up dat Graff, dat stumm de Steen uns wiest.
   Lüchten Bloom' liggen up den Sand
   för den groten Unverstand.

5. Hans ohn Glück, is allens tau laat;
   upgahn is de düster Saat.
   Büst noch gaud för'n swarten Steen,
   man vergäten sall dat keen!

Zi, za harr 'k man 'n lütten Sluck

1. Zi, za harr 'k man 'n lütten,
   harr 'k man 'n lütten,
   harr 'k man 'n lütten,
   zi, za harr 'k man 'n lütten,
   harr 'k man 'n lütten Sluck!

2. Wenn sei all eenen hebben,
   will ick ook eenen hebben,
   dat ick gor keenen mag,
   will ick ook nich seggen.
   Zi, za harr 'k man 'n lütten,
   harr 'k man 'n lütten Sluck!

Text: Heinrich Schacht

1. Zopperloot, seggt he, wat een Fahrt! seggt he,
   lüttje Deerns, seggt he, slank un zaart, seggt he,
   gaht nah'n Dom, seggt he, kööpt een Popp, seggt he
   mit een Prüük, seggt he, un een Zopp.

2. Alle Ladens, seggt he, sünd hübsch hell, seggt he,
   schön geputzt, (usw.: seggt he) de Mamsell, (usw.: seggt he)
   ook een Brosch, ..., op de Brust, ...,
   is so groot, ..., wie'n Grüttwurst.

3. Köksch un Lüttmeid, ..., gaht nah'n Dom, ...,
   drapt een Vetter, ..., drapt een Ohm, ...,
   sünd vergnögt, ..., loopt umher, ...,
   in de Stadt, ..., krüz un quer.

4. Mann un Froo, ..., gaht spazeern, ...,
   an de Hand, ..., foftein Göörn, ...,
   noch twee lütte, ..., op den Arm, ...,
   Donnerwetter, ..., wat een Larm!

5. Bie'n Canditer, ..., staht veel Lüüd, ...,
   kiekt in't Finster, ..., hebbt Apptiet, ...,
   doch se wischt, ..., sick de Mund, ...,
   denn de Knüppel, ..., liggt bie'n Hund.

6. Bie een Slachter, ..., liggt een Swien, ...,
   op'n Disch, ..., bannig fien, ...,
   een Citron, ..., in de Snuut, ...,
   recht bredahl, ..., süht datt uut.

7. Op'n Gosmarkt, ..., is een Spaaß, ...,
   Puttjenella, ..., is een Aas, ...,

neit sien Froo, ..., fix een af, ...,
bringt den Deubel, ..., op'n Draf.

8. Grootneemark, ..., op un dal, ...,
een Gegröhl, ..., een Skandal, ...,
ook een Huusstand, ..., ganz kumpleet, ...,
for een Schilling, ..., nagelneet.

9. Fiegen, Mandeln, ..., un Rosin'n, ...,
Trummel, Fleit, ..., Viegelien, ...,
hübsche Tassen, ..., mit'n Naam', ...,
Pickelhuben, ..., Flint un Fahn.

10. Kuddelmuttel, ..., von de Kaar, ...,
allerhand, ..., echte Waar, ...,
Disch un Stohl, ..., Kaar un Waagen, ...,
ook een Paster, ..., mit'n Kragen.

11. Veel kann ick, ..., noch vertell'n, ...,
doch ick will, ..., nicks mehr mell'n, ...,
von Bruunkooken, ..., swieg ick still, ...,
wiel man keen, ..., geben will.

Drum to'n Schluß, ..., gode Nacht, ...,
Wiehnacht-Fest, ..., is een Pracht, ...,
Jungs un Deerns, ..., Mann un Froo, ...,
alles freit, ..., sick darto!

Nachwort

Vorbemerkung

In plattdeutschen Liederbüchern blättert man gern, enthalten sie doch in der Regel Vertrautes. Es gibt wohl kaum eine Ausgabe ohne die bekannten Wiegenlieder »Slap, Kinning, slap«, »Suse, leiwe Suse«, ohne die Tanzlieder vom »Bohnenpott« und »Kiekbusch«, die Scherzlieder »Jan Hinnerk« oder »Juchhei lustig, seggt he«. Vereinzelt finden sich auch Beispiele früherer Liedüberlieferung aus alten Handschriften wie etwa dem »Rostocker Liederbuch« aus dem 15. Jahrhundert, noch seltener Beispiele aus dem sozialkritischen Liedgut.[1] Ein Liederbuch jedoch, das den Bogen über mehrere Jahrhunderte bis zum zeitgenössischen niederdeutschen Lied zu ziehen versucht, gehört bisher wohl zu den Ausnahmen. Gewiß, ein solches Unternehmen braucht durchaus etwas Mut. Schließlich sind die ›Neuen‹ noch nicht durch die Bewährungsprobe der Jahrhunderte oder wenigstens der Jahrzehnte gegangen. Unsicherheit herrscht über Zustimmung oder Ablehnung, über die künftige Zuweisung der Lieder in das Vergessen oder in das bewahrende Gedächtnis. Der Herausgeberin sind Schwächen im mundartlichen wie kompositorischen Bereich bei einigen neuen Liedbeispielen durchaus bewußt. Dennoch möchte diese Auswahl die Vielfalt niederdeutschen Liedgutes bis zur Gegenwart dokumentieren, dabei ein wenig Zeitspiegel für die bemerkenswertesten Themen unserer Tage, wie beispielsweise Umweltbewußtsein und Engagement für eine friedliche Welt, sein.

An neuen Liedern sandten 36 Gruppen und ›Liedermacher‹ immerhin einige hundert Titel ein — erfreulicher Ausdruck eines gewachsenen Interesses am niederdeutschen Lied.

So möchte dieses Buch die Freude am Singen befördern. Diesem Anliegen dienen auch die alphabetische Ordnung, die ein rasches Auffinden erleichtern, und die einfache Harmonisierung, die eine instrumentale Begleitung erleichtern soll.

Wie unsere niederdeutschen Lieder alte Funktionen verloren und neue gewannen

Bis weit in das 16. Jahrhundert hinein ist in Norddeutschland allgemein niederdeutsch gesungen worden. Eine Ausnahme bildeten die Kirchen, wo der lateinische Klerikergesang dominierte. Um die modernen Ideen der Reformation durchzusetzen, bedurfte es auch im Bereich des geistlichen Liedes einer Besinnung auf die Muttersprache. Das galt für das Hochdeutsche wie für das Niederdeutsche gleichermaßen.[2]

Martin Luther brauchte für seinen Amtsbereich also hochdeutsche Lieder, die er vor allem durch Übersetzungen lateinischer Hymnen und Sequenzen gewann. So wurde aus dem »Veni redemptor gentium« das deutsche »Nun komm der Heiden Heiland«, aus der Ostersequenz »Victimae paschali laudes« die Weise »Christ lag in Todesbanden«.[3] In Norddeutschland dagegen blieb Plattdeutsch weiterhin Alltagssprache, und so suchte der Rostocker Reformator Joachim Slüter folgerichtig nach geistlichen Liedern, die sich ins Niederdeutsche übertragen ließen. Sein erstes geistliches niederdeutsches Gesangbuch kam 1525 heraus. Es enthielt unter anderen 24 Lieder von Martin Luther, dem auch die Autorschaft an einigen Melodien zugeschrieben wird. Zu den bis heute bekannten zählen die Strophen zwei bis sechs des Weihnachtsliedes »Gelauet systu Jesu Christ« (Gelobet seist du Jesu Christ). Seine erste, niederdeutsche Strophe muß schon 1370 bekannt gewesen sein, wie aus einer Handschrift im Besitz der Königlichen Bibliothek Kopenhagen ersichtlich wird.[4] Zuerst niederdeutsch gesungen worden ist auch das Gloria »Alleine God in der höge sy eere«, geschrieben von Nicolaus Decius.

Slüters Bemühen, sein niederdeutsches geistliches Liederbuch ganz auf die Bedürfnisse der »Wercklüde«, der arbeitenden Menschen, abzustimmen, zeitigte Erfolg: Sein Biograph Nicolaus Gryse berichtet 1593, wie die Texte in der vertrauten Sprache begierig aufgenommen, sogar auf den Straßen gesungen und dabei auch verändert worden sind.[5]

Seit Beginn des 17. Jahrhunderts bahnte sich in Kirchen und Schulen des norddeutschen Raumes der völlige Übergang zum hochdeutschen Gesang an, so daß das niederdeutsche Lied dem hochdeutschen das größere Feld eines vielseitigen Liedrepertoires überlassen mußte.

Als es der Volkskundler Richard Wossidlo (1859—1939) als erster unternahm, in Mecklenburg ältestes in Erinnerung gebliebenes Liedgut zu erfragen und zu sammeln, traf er noch einen reichhaltigen Bestand an: Kinder-, Anrufe-, Wiegen-, Reiter-, Spiel- und Tanzlieder, dazu erzählende Lieder balladenartigen Charakters waren allgemein bekannt und wurden zu den entsprechenden Anlässen gesungen.

Die Auswertung der von Richard Wossidlo begonnenen und von einer 1928 gegründeten Volksliedkommission weitergeführten Sammlung erlaubt den Schluß, daß zur Befragungszeit eine relativ enge Bindung von Lied und jeweiligem Anlaß im Arbeits-, Fest- und Kalenderjahr bzw. im Lebenskreis des Menschen bestand.

Das Lied hatte neben der Unterhaltung für seine Träger vielfältige Funktionen zu erfüllen, zu deren interessantesten seine Aufgaben als Arbeitslied zu rechnen sind. Diese Funktion ist in spätfeudaler Zeit noch gut zu beobachten, wie an einigen Situationen demonstriert sein mag:

In der Spinnstube, wo sich winters die unverheirateten jungen Mädchen trafen, beförderten die Vielstrophigkeit und der lebendige, erzählende Inhalt der Balladen die Arbeitslust bei der Verarbeitung von Flachs und Wolle. In Bresewitz beispielsweise begann jeder Spinnstubenabend mit der in Mecklenburg weit verbreiteten Ballade vom Grafen und der Magd. Darin wird erzählt, wie eine Magd nach einer Liebesnacht vom Grafen verlassen wird. Sie stirbt bei der Geburt des Kindes. Als das Mädchen dem Verführer im Traum erscheint, reitet der Graf eilends zurück, findet aber bereits die Totengräber bei der Arbeit vor. Schuldbewußt tötet er sich.

Solche wie hier reflektierten Gegensätze und dramatischen Konfliktsituationen waren für die Sänger auch auf mecklenburgische Verhältnisse mit ihren länger als anderswo bestehenden Feudalrelikten übertragbar. Wie stark sich einzelne Sänger mit dem Geschehen identifizieren konnten, belegt unsere Fassung aus Bresewitz, in der es in einer der letzten Strophen halb — mundartlich — mecklenburgisch heißt:

> Und als sie an das Stadttor kamen,
> sahn si die Trägers tragen.
> Setzt dal, setzt dal, liebe Trägers mein,
> ich will mein Kind beschauen.[6]

Der Anteil hochdeutscher Texte überwog schon ausgangs des 19. Jahrhunderts, wie es die Bestände unserer Archive und handgeschriebene Liederbücher zeigen. Zu den bevorzugten Gesängen der Erntearbeiter auf dem Heimweg gehörten: »Es steht ein Lind' in jenem Tal«, »Schönster Ulrich wollt spazierengehn«, aber auch »Allens is vergäten, wat mi dags hett quält«. Ein gemeinsamer Heimweg zum selben Zeitpunkt war möglich, weil die Bauernfelder noch im Gemenge lagen und die Tagesarbeit für alle einheitlich endigte. So soll es nach Berichten von Gewährsleuten ausgesehen haben: »De Frugens un Dierns hakten sik unner, de Kierls hadden de Seissen up'n Puckel, dor wier uns' Hark instäken. Wi güngen in Reihgen achter'n anner, so würd na't Dörp rinsungen. De Ollen seten vör de Dör up 'n Stohl, dat se dat anhüren künnen.«[7] Nach den Aussagen der Alten klangen die Lieder an stillen Sommerabenden so lieblich, daß »dat Water eenen in de Ogen keem.«[8]

Auf dem Getreidefeld, während des Mähens, wurden dagegen Lieder gewählt, die sich dem gleichmäßigen Arbeitsrhythmus anpaßten und so die Funktion von Arbeitsgesängen gewannen. Das Gleichmaß, das Tempo, das diese Lieder bewerkstelligen halfen, kommt in folgendem Beleg deutlich zum Ausdruck: »Up jeden Fell' würd sungen, jede Buer hadd vier bet fief Seissen, wi güngen all in't Glied as Militär, de Kierls mit de Seiss, de Dierns mit de Hark.«[9] Sozialökonomischer Wandel, Besitzveränderungen und vor allem das verstärkte Eindringen der Technik[10] brachte diese Lieder zum Verklingen.

Eine wichtige Rolle spielte das Lied in seiner Funktion als Arbeitslied im Leben der Seeleute.[11] Ihr Inhalt mußte wiederum nicht unbedingt seemännisch sein, ihr Rhythmus sich jedoch der körperlichen Bewegung anpassen und sollte damit die Schwere der Arbeit erleichtern helfen. Fischermeister Blunck aus Wismar, geboren 1897 und 18 Jahre auf Segelschiffen gefahren, berichtete für das mecklenburgische Volksliedarchiv: »Bi dat Kaspeldreihen (Kaspel = Gangspill; beim Ankerhieven H. M.) süngen wi:

Vörsinger: Es wohnt ein Müller an jenem Teich
Alle: mit veilchenblauer Seide.
Vörsinger: Der hatt' eine Tochter, und die war reich
an lauter Lust und Freude.
Alle: Schöner, grüner ...
Jung, wisst du ruut ut 'n Appelboom!
Schöner, grüner, Jung', wisst du ruut ut 'n Boom!«[12]

Auf humorvolle Weise ist hier die Verbindung des bekannten Liedes vom ›Jungfernkranz‹ mit Teilen einer Ballade (Es wohnt ein Müller an jenem Teich) und mundartlichen Reimen zu einem Arbeitslied gelungen, dem allerdings sein Zweck für die maritime Arbeitswelt nicht ablesbar ist.

Daneben existieren aber auch rein seemännische Arbeitslieder — wie beim Loten. Ein Warnemünder Fahrensmann erzählte Wossidlo: »Dat groot Loot ward vör hensmäten. Wenn 't kloor is vörn, röppt de Madroos: All kloor! Denn röppt achter de Schipper oder Stüermann: Smiet weg! Denn würd' utsungen:

Barg to juug all von unnern,
dat Loot kümmt daal to dunnern!«

Auf Wustrower Schiffen sang man:

Wohrt juug von unnern,
Kabeljau un Flunnern!
Nun kümmt dat grote Loot
un fallt juug doot![13]

Am längsten hat sich von solchen Arbeitsliedern nach dem Aufhören der Segelschiffahrt und auch noch seit dem Einsatz der Dampfkraft das *Aussingen* als Weckruf erhalten können. War eine Wache vorüber, wurde der nächste Wachgänger mit dem Weckruf geholt:

> Reise, Quartier, in Gottes Naam,
> acht Glas sünd slahn,
> uns' Wach is gedahn,
> reise, Quartier, in Gottes Naam.[14]

Solange noch »von Hand« geweckt wurde (etwa bis Ende der 60er Jahre unseres Jahrhunderts), konnte man auch noch auf den Motorschiffen Anlehnungen an den alten Weckruf feststellen, etwa in folgender Form: »Reise, reise, sieben Uhr«. Inzwischen wird aber allgemein per Telefon geweckt: »Guten Morgen, es ist 7 Uhr, zum Frühstück gibt es ...«[15]

Seeleute wurden auch gern in der arbeitsarmen Winterzeit zu Hilfeleistungen an den Hafenanlagen herangezogen. Gemeinsam mit den Bauleuten rammten sie Pfähle ein. Die heute maschinell ausgeführte Tätigkeit verlangte damals von den Kieler, Hamburger oder Rostocker Seeleuten äußersten Kraftaufwand: Ein Rammklotz, »Bär« genannt, mußte aufwärts in die »Schere« geführt werden. War er zum Schlage heruntergefallen, so hatten ihn die Rammer wieder aufwärts zu ziehen. Das Kommando führte ein »Schwanzmeister«, der das Ende des Taues handhabte. Das Aufsteigen des »Bären« begleitete taktmäßiger Gesang.[15] Nach jeder »Hitze«, einer durch den »Schwanzmeister« bemessenen Anzahl von Schlägen, pflegte dieser mit dem Ruf »Fünfzehn«, auch wenn die Zahl der Schläge eine andere war, das Zeichen zu einer kurzen Ruhepause zu geben. In Rostock sangen die Pfählerammer:

> Hoch up den Pahl — von baben dahl!
> Desto höger he steiht — desto bäter he sleiht.
> Ümmer höger — seggt Kröger.
> Wo wisst hen — seggt Swenn.
> Na de Fähr — seggt Bär.
> Wat wisst dor dohn — seggt Krohn.
> Danzen — seggt Janzen.
> Is dor ok Musik — seggt Rieck.
> Jawoll — seggt Stoll.
> Dor güng de Rummel los:
> Haas — mit de Blaas,

> Riedel — mit de Fiedel,
> Hummel — mit de Trummel,
> Jochen Fett — mit de Klasnett
> Spält ok ganz nett.
> Hoch up! Un sett.[17]

Wir dürfen annehmen, daß ähnlich wie in den sogenannten Nachbarschaftsreimen, »mündlichen Adressbüchern«, hier die Mitglieder der Arbeitsgruppe namentlich genannt sind.[18] Offenkundig wird bei dem Gesang gleichfalls, wie bei einer Vielzahl von Arbeitsliedern, der charakteristische zweiteilige Charakter innerhalb des Liedes mit Frage und Antwort.

Einige Reime des o. g. Rammerliedes, die Aufzählung von Instrumenten und die Frage: »Is dor ok Musik?« führen uns zu zwei weiteren Funktionen des niederdeutschen Liedes in spätfeudaler Zeit: der Unterstützung des Tanzes und des Heischens.

Instrumentale Begleitung zu allen Tanzfesten auf den Dörfern wie Ernte-, Pfingst- und Fastnachtsbier gehörte im 19. Jahrhundert, bedingt durch das unterschiedliche Interesse der Herrschenden an Vergnügungen für die sozial Minderbemittelten, nicht zu den Selbstverständlichkeiten. So sahen sich Dorfbewohner zuweilen genötigt, aus eigenen Kräften für musikalische Begleitung zu sorgen. Das geschah besonders, wenn Gesinde oder Tagelöhner außerhalb offizieller Festzeiten tanzen wollten, aber Anlaß oder finanzielle Mittel fehlten, um Musikanten zu bestellen.

Kleinere Tanzvergnügungen organisierten gerade die Tagelöhner mit einfachsten Mitteln. Das kleine Tanzlied:

> Mann, kumm her, will'n danzen!
> Fruu, ick heff keen Schoh!
> Mann, dat geiht up Söcken!
> Na, denn man lustig to!

weist auf solche improvisierten Tanzvergnügungen, die in Mecklenburg als »Socken- und Slarpenbälle« bekannt waren. Für die musikalische Begleitung sorgten Dorfbewohner, die ein Instrument spielten, zuweilen auch durchreisende Musikanten (einheimische und fremde), für die dann vorher Geld eingesammelt wurde.

Auf diesen spontan organisierten Festen mußten sich die Teilnehmer zwangsläufig auf solche Tänze beschränken, die weder hohen instrumentalen Aufwand noch Requisiten oder einen Vortänzer verlangten. Die einfachste rhythmische Stütze konnte zum Tanz animieren: »Bi 't Garbenbinnen hebben wi in de Aust (Erntezeit), blos Frugenslüd, in 'n Backhus danzt. Ick hadd witte Strümp von mienen Mann oewertreckt oewer mien Strümp. De een Fruu seet mit 'n Kamm uppe Hill un blös.«[19] Wesentlicher als die Tanzbegleitung durch Melodie- oder Geräuschinstrument erscheint in diesem Zusammenhang die Tatsache, daß es in nahezu jedem Dorf eine beträchtliche Zahl von Liedern gab, nach denen — je nach Möglichkeit — mit oder ohne Instrumentalbegleitung getanzt worden ist. Neben den bekannten Tanzliedern wie »Es trieb ein Schäfer seine Lämmelein aus«, »Wenn hier 'n Pott voll Bohnen steiht« oder »Kiekbusch« bewegten sich die Tanzlustigen auch zu solchen Liedern, die sich vom Rhythmus her dazu eigneten. Das konnten sein »Es stand eine Linde im tiefen Tal«, »Schön ist die Jugend«, »Ein Groffsmidt seet in gode Rauh«.

Als die gesanglosen, rein instrumentalen Kontertänze von städtischen Musikanten auf größeren dörflichen Tanzvergnügen angeboten wurden, halfen sich die Tänzer nach altbewährter Methode, indem sie den Tänzen einen Text unterlegten und sie dann nach ihrem Inhalt bezeichneten, also »Bunt Schört« statt Polka, »Gries Soeg« statt Galopp, »Fieken hett schräben ut Hagenow« statt Mazurka. Zu vorgerückter Stunde, nach Absolvierung aller Ehrentänze, der »Großen und Kleinen Bunten« und der pantomimischen Tanzspiele,[20] wenn Bauer und Bäuerin sich zurückgezogen bzw. Gutsherr oder Inspektor das Fest verlassen hatten, dominierten andere Themen in den Tanzliedern. Gutmütiger Spott, Neckereien, seltener soziale Anklage, häufiger Erotisches, Vulgäres, das aber nicht in dieser Weise empfunden wurde, bildeten jetzt die Hauptmotive.

Während das Tanzlied vornehmlich unterhaltende und bewegungsfördernde Funktion ausübte, kam einer weiteren Liedgattung eine spezifische Aufgabe zu, die dieser den Namen gab: den Heischeliedern. Vielfach werden sie in der Literatur nach dem häufig mitgeführten Instrument auch als »Rummelpottlieder« bezeichnet. Die Bedeutung des ›Heischens‹ ist heute schon nahezu vergessen: An hohen Festtagen besaßen bestimmte Berufs- bzw. Arbeitsgruppen das Recht, Naturalien oder Geld bei ihren Kunden, Vorgesetzten, überhaupt Höhergestellten einzusammeln. Vor dem Empfang der Gaben brachten die Heischenden dann ein kleines Programm, das je nach Anlaß aus gesprochenen Versen, kleinen Spielszenen oder Heischeliedern bestehen konnte. Aus norddeutschen Küstenstädten ist beispielsweise das Heischen der Seeleute mit einem Schiffsmodell überliefert, aus Warnemünde der Umgang des Nachtwächters mit einem kleinen Tannenbaum, auf dem er seine Gaben nach Hause trug.[21] Auf Poel war das »Fastelabendlopen« mit einem Dornbusch üblich. Zu Ende des 19. Jahrhunderts traten bereits Kinder als Hauptträger des Brauches in Erscheinung. Unter der Begleitung eines Rummelpottes sangen sie vor jedem Haus: »Goden Abend, Fastelabend hinner'n Duurnbusch, ick gah hüt abend von Hus to Hus ...«[22] War kein Dornbusch zur Hand, erfüllte ein Weidenzweig den Zweck. Um die Gaben besser transportieren zu können, hatten die Kinder die Rinde vorher »afschrapt«, so daß u. a. die Semmeln leicht auf den Stock gespießt werden konnten, oder in einen Stock zusätzlich Nebenzweige eingebohrt. Als Sammelergebnis hingen Heetwecken, Semmeln, Speck, auch Sachgeschenke, beispielsweise eine wollene Haube, auf den Zweigen. »Wenn wi de Telgens all vull hadden, güngen wi na Huus.«[23]

Wossidlo beschrieb diesen Brauch mit romantisierendem Enthusiasmus: »Mandags wier de Kinner ehr Löperdag, ganz Päul (Poel) würd aflopen, so berichten die Alten, in jedem Haus standen Semmeln und Kringel für die Kinder bereit, wo die Twälen nicht ausreichten, wurde die Bäukertasch ... oder ein Sack zur Hilfe genommen.«[24] Nimmt man die unveröffentlichten Aufzeichnungen des mecklenburgischen Sammlers dazu, so erweist sich zu diesem Zeitpunkt der Brauch allerdings bereits als ein Mittel der Dorfarmut, dringend benötigte zusätzliche Nahrungsmittel zu erwerben: »Weck hadden de lütten Kinner up'n Arm, dee gor nich lopen künnen, dee süllen jo ook Semmel kriegen«; »Wi Lütten hebben oft krapen, weil wi nich mihr gahn künnen.«[25] Wenn die Kinder am Vormittag die Dörfer Gollwitz, Vorwerk,

Niendorf, Malchow, Fährdorf und am Nachmittag den südlichen Teil mit den Dörfern Weitendorf, Brandenhusen, Wangern, Timmendorf und Neuhof abzulaufen hatten, so wird eine erhebliche körperliche Anstrengung für die Kinder zu meist noch kalter Jahreszeit offenbar. Armut wurde hier zum Triebmittel der Weiterführung eines Brauches, wobei aus dem Blickwinkel des Besitzers einer warmen Stube heraus ›schöne alte Heischelieder‹ lebendig blieben.

Eine parallele Entwicklung ist beim Brauch des »Sternsingens« zu beobachten: Bis zur Mitte des 19. Jahrhunderts gingen Erwachsene zwischen Weihnachten und dem Dreikönigstag als die »drei Weisen aus dem Morgenland« durch die Dörfer. Zu ihrem Gesang, der in Norddeutschland meistens mit Rummelpottbegleitung zu hören war, drehten sie ein haspelartiges Gestell, in dem ein Licht brannte. Während einer der Männer den mit Wachs, Speichel oder grüner Seife bestrichenen Stock rhythmisch in einem zur Hälfte mit Wasser gefüllten und mit einer Schweinsblase bespannten Topf, dem »Rummelpott«, bewegte, der zweite den Stern drehte, sangen alle drei das Lied von den Heiligen drei Königen, wie es sich in verschiedenen Varianten im ganzen deutschen Sprachraum nachweisen läßt. Zu Ende des 19. Jahrhunderts kam es auch hier zu Rückbildungsformen des Brauches. Die Dreiergruppe reduzierte sich auf eine erwachsene Person, zu welcher auch noch Kinder kommen konnten. Der aus Stralsund stammende Schuster Wulff, der auf Poel mit seinen Kindern herumzog, begann seinen Heischegang am Altjahrsabend, um bis zum Dreikönigstag (6. Januar) alle Häuser absammeln zu können.[26] Der alte Brauch des Sternsingens, für den zur Zeit der Reformation einmal Kurrendeschüler eine »Gerechtigkeit« besessen hatten, war zum Bettelbrauch herabgesunken.

Die hier gemachten Ausführungen zu einigen Situationen aus dem Fest- und Arbeitsleben besonders der mecklenburgischen Bevölkerung im 19. Jahrhundert sollten zeigen, zu welchen Anlässen und mit welchen Funktionen hoch- und niederdeutsche Lieder erklungen sind. Oft wird bedauert, daß man heute weniger Gesang auf öffentlichen Straßen und Plätzen hört und auch zu Hause, in der Schule oder bei Betriebsfeiern zu wenig spontan gesungen wird. Vergegenwärtigen wir uns noch einmal die vorgestellten Singesituationen: Spinnstube, Erntefeld, Segelschiff, Festbrauch. Unsere Lieder erwiesen sich als eng an diese Situationen gebunden — wünschte sich jemand diese Lebensbedingungen zurück? Möchte jemand auf arbeitskraftsparende Maschinen, soziale Sicherheit, ja auch auf die Medien zugunsten beliebter althergebrachter Singesituationen verzichten? Wir würden einer Romantisierung das Wort reden. Als eine wichtige Ursache sind also veränderte Lebensbedingungen für die Zurückdrängung des Singens und die Übernahme in den Bereich der Darbietung durch Chöre, Singegruppen, Liedermacher dingfest zu machen — so bedauerlich diese Entwicklung für die Vielfalt der Ausdrucksmöglichkeiten des niederdeutschen Liedes ist. An den Shanties, ehemals charakteristischen Arbeitsliedern der Seeleute, ist dieser Funktionswandel vom Arbeitslied zum Unterhaltungslied besonders deutlich. Jedoch auch durch Darbietung lebt das niederdeutsche Lied und hat seine Wirkungen und Aufgaben wie die der Unterhaltung, der Information, der Belehrung, der Identifikation. Als arbeitsmotivierendes Lied existiert es im 20. Jahrhundert nur noch in Ausnahmen. Ein letzter Abglanz von Arbeitsliedern konnte jüngst durch einen glücklichen Umstand entdeckt und wieder zu Ehren gebracht werden. Nachforschungen ergaben nämlich, daß die durch ihre kunstvolle Teppichknüpferei bekannten Freester Fischer (Freest bei Greifswald) seit den dreißiger Jahren unseres Jahrhunderts ein eigenes, bisher unbekannt gebliebenes Liedgut pflegten. Ihr Versammlungslied beschreibt den Rhythmus des Knüpfens, die Farben und Muster der in Heimarbeit gefertigten Teppiche:

> Wi knüppen und wäben
> een Teppich för 't Läben ...

Der Karlsburger Lehrer Egon Brauns wußte den Autor: Rudolf Stundl. Dieser Name besitzt bei uns einen guten Ruf, hat doch Stundl mehrfach Ehrungen für seine Verdienste um die Einführung der Teppichknüpferei in Freest erhalten. Die ihm zugeschriebene Autorschaft des Liedes dagegen ist unbekannt geblieben. Ein Besuch bei dem inzwischen 90jährigen Herrn in Greifswald brachte Erstaunliches, für die Liedgeschichte fast Unglaubliches zu Tage.

Einige Auszüge aus dem Tonbandinterview mit Rudolf Stundl im März 1986 verdeutlichen dies:

— »Das Lied ist entstanden in Hannover, ich hatte dort eine Ausstellung mit Freester Teppichen im Museum. Am Vormittag hatte ich frei, da fiel mir ein, eigentlich sollten wir ein Teppichknüpferlied haben. Da habe ich ein Arbeitslied geschrieben im Rhythmus des Teppichknüpfens in drei Strophen, den Text und auch die Melodie. Dieses einfache Lied ist dann gesungen worden bei jeder Versammlung der Teppichknüpfer.«

— »Wir haben einen Chor gehabt in Freest, er wurde von einem Lehrer, später von Pastor Häußler geleitet. Der hat das Lied etwas pastoraler gemacht, ein paar ›barocke Spitzen‹ daran gehängt, einen vierstimmigen Chorsatz geschrieben. Unsere Fischer haben das Lied nicht wie der Chor gesungen, immer einfach und einstimmig ...«

Das ›Unglaubliche‹ an der Entstehungsgeschichte des von den Fischern und dem Chor gleichermaßen gern gesungenen plattdeutschen Liedes liegt vor allem im Lebensweg des Autors. Rudolf Stundl wurde am 4.2.1897 in Wien geboren, verlebte seine Kindheit und Jugend in einem ungarischen Dorf. In Budapest besuchte er die Handelsakademie. Zu dieser Zeit begann sich sein Interesse für Textilkunst zu regen. Nach einem gescheiterten Versuch in Budapest, in dieser Richtung tätig zu werden, gelang es ihm, im jugoslawischen Zagreb eine Werkstatt zu gründen, in der orientalische Teppiche restauriert werden konnten. Nach zwei Jahren kehrte er nach Budapest zurück, unschlüssig, wie seine Zukunft aussehen sollte. Zufällig entdeckte er eine Zeitungsannonce, nach welcher ein fähiger Mann gesucht wurde, der Ostseefischer das Teppichknüpfen lehren könnte. Durch diesen Nebenerwerb sollte den Fischern aus wirtschaftlicher Notlage geholfen werden. Stundls Bewerbung im Landratsamt Greifswald brachte Erfolg. Seit 1927 ist Rudolf Stundl in Freest zu Hause, wo er die Menschen und ihre Sprache so lieben lernte, daß er für seine Fischer ein Lied in ihrer Mundart schrieb.

Dieses Arbeitslied wurde von ihnen ebenso angenommen und

regelmäßig gesungen wie das von einem ihrer Fischer, Wilhelm Rabe, geschriebene »Schwart is dei Nacht«. Es besingt die Hoffnung auf guten Fang und gesunde Wiederkehr. Schließlich gehört zu den jetzt aufgefundenen Liedern noch ein drittes: »Dei ihrst Mann is dei Spinner«, dessen Autor noch nicht ermittelt werden konnte. Rudolf Stundl hat keinen Anteil daran. Er vermutet einen sächsischen Mitautor, da in der ersten Strophe ein ›Spinner‹ genannt wird.

Im April 1987 stellte der Karlsburger Chor in einem Schloßkonzert erstmals wieder die »Freester Lieder« vor. Die Häußlerschen Chorsätze wurden vom Karlsburger Chorleiter wiederum etwas verändert. Die Karlsburger nutzen heute die Lieder der Freester, um heimatliches Liedgut zu pflegen — nicht mehr, um das Knüpfen zu motivieren. Das Teppichknüpfen besorgen einige Karlsburger inzwischen als volkskünstlerische Tätigkeit in Freester Manier.

Zur gegenwärtigen Situation
des niederdeutschen Liedes

Ick segg ja nich, dat et to Hus
am allerschönsten wier.
Doch wer bi uns hett Zucker leckt,
un wer bi uns de Luft hett schmeckt,
de is bald wedder hier!

So lautet der Kehrreim eines neueren, inzwischen beliebten plattdeutschen Liedes. Heimat und Mundart gehören zusammen. Der Inhalt des Liedes ließe sich also erweitern: Wer einmal von der Mundart angerührt worden ist, den läßt sie nicht mehr los. Klarheit, Bildhaftigkeit, ihr Klang begeisterten durch die Jahrhunderte Sprachwissenschaftler, Dichter, Schriftsteller. »Sie ist ... unter allen Deutschen Mundarten in der Wahl und Aussprache die wohlklingendste und angenehmste, eine Feindin aller hauchenden und zischenden, und der meisten blasenden Laute ... aber dagegen reich an einer kernhaften Kürze, an treffenden Ausdrücken und naiven Bildern«, lobte 1782 Johann Christoph Adelung.[27]

Diese literaturfreundlichen Eigenschaften inspirierten bis

heute Mundartdichter, aber auch hochdeutsch Schreibende, sich im Plattdeutschen zu versuchen.[28] Zu den schönsten Zeugnissen hochdeutscher Autoren sind sicherlich die Liedtexte »Anke van Tharau« (Simon Dach) und »Över de stillen Straten« (Theodor Storm) zu rechnen. Trotz der seit über 400 Jahre herrschenden Hochsprache entstanden noch so wunderschöne niederdeutsche Lieder, daß 200 Jahre nach Adelung der Vorsitzende des Schriftstellerverbandes der DDR, Hermann Kant, den bedeutungsschweren Satz formulieren konnte: »Was ein Liebeslied ist und was ein Gedicht, weiß ich seit ›Dat du min Levsten büst‹ und seit ›Ick wull, wir weern noch kleen Jehann‹, und von der Zeile ›An Heben seil de stille Maan‹ wird mir immer noch ein bißchen schwindelich.«[29]

Wir hatten bereits aufgezeigt, daß trotz allen Wissens um den Wert der Sprache und die Schönheit vieler niederdeutscher Lieder Mundartbeherrschung und das spontane Singen eine rückläufige Tendenz erkennen lassen. Der Darbietungscharakter überwiegt. Ein Erlebnis eines Folkloregruppenmitgliedes aus Neubrandenburg beleuchtet die gegenwärtige Situation treffend: »Als wir am Pfingstsonntag (1986) während einer Wanderpause vor der Gaststätte im Wald tanzten und sangen, versammelten sich viele Leute um uns und sagten, das gefiele ihnen gut, wir sollten weitersingen. Es war von uns aber nicht als Programm für ein Publikum gedacht«. Diejenigen, die möglicherweise gern mitgesungen hätten, konnten übrigens kein Plattdeutsch. Was das Sprachvermögen, das Sprachverständnis der jungen Generation anbelangt, sollte ein Aspekt ins Gedächtnis gerufen werden: Die wesentlichen gesellschaftlichen, politischen und geistig-kulturellen Prozesse vollzogen sich im zurückliegenden Jahrhundert und erst recht in den letzten Jahrzehnten sprachlich ausschließlich im Bereich des Hochdeutschen.[30] Schon Klaus Groth (1819−1899) hatte einen langen Weg zu gehen, bis er das Plattdeutsche poetisch zu meistern verstand, bis sein »Quickborn« entstehen konnte. Darüber äußert er sich in seiner »Lebensskizze«: »Als ich aber daran ging, plattdeutsch zu schreiben, sah ich mit Schrecken, daß ich das Schema der hochdeutschen Bildung nicht loswerden konnte. Reime, Wendungen, grammatische Formen wurden unwillkürlich hochdeutsch.« Vor diesem Dilemma stehen Mundartschreiber unserer Tage vermutlich in noch höherem Maße als Groth. Dessen Sinn für Rhythmus prägte dann viele seiner Gedichte und reizte berühmte Komponisten wie Friedrich Silcher, Carl Reinecke oder Johannes Brahms zur Vertonung. Sie alle beschränkten sich thematisch damals bereits auf vertraute Inhalte des Plattdeutschen: Heimatverbundenheit, Naturerlebnis, Liebe.

Die Mundart erwies sich bis heute weniger für komplizierte technische oder soziologische Erörterungen geeignet, sondern vielmehr als Kommunikationsmittel des persönlichen Austausches. Mundartschreiber haben es heute also schwerer als ihre Kollegen im 19. Jahrhundert, die entsprechenden ›Vokabeln‹ für die Widerspiegelung bestimmter gegenwärtiger Erscheinungen und Prozesse zu finden — oder, wie Hermann Kant es formuliert: »... der Schiet, für den es keine niederdeutschen Wörter gibt, der Raketenschiet und Atomschiet, beschäftigt mich sehr.«[31]

Wenn auch die Mundart die steigenden kommunikativen Anforderungen unserer Gesellschaft nicht allseitig befriedigen kann,[32] so treten doch manchmal Glücksfälle bei den Mundartdichtern auf, stoßen wir auf Begabungen, die selbst in einer Zeit, »wo das Begriffliche, das Abstrakte dominiert, wo wir unsere Muttersprache mehr und mehr der Rationalisierung anpassen« (Hans Cibulka), technische Begriffe und Vorgänge in dichterischen Bildern zu fassen vermögen, so daß sie wieder Farbe und Substanz bekommen. Zu diesen Glücksfällen gehören die Gedichte der in uckermärkischem Platt schreibenden Erna Taege-Röhnisch (geboren 1909), deren Gedichte inzwischen von mehreren Gruppen und Liedermachern vertont worden sind. Taege-Röhnisch setzt ganz bewußt auf die Bildhaftigkeit des Niederdeutschen. Für die Bedrohung unserer Erde durch den Atomtod fand sie beispielsweise das Bild vom unerlaubten Pflükken des Apfels durch Eva im Paradies. Ihr Gedicht schließt mit der Mahnung:

> Kröp eener woll in 'n Appelboom
> un hüng em wedder ran —

> geplückten Appel, de is af,
> de waßt nich wedder an.
> De Appel is keen Ball tum Spöll,
> is Leben odder Dod.
>
> Een Leben un een grönen Stern!
> Wi sind dät Leben got!

Dieses und andere niederdeutsche Lieder, die in unserem Buch nur in einer Auswahl vertreten sein können, belegen, wie die Autoren versuchen, trotz aller Beschränkungen, die durch die Mundart objektiv gegeben sind, mit ihren spezifischen Mitteln uns gegenwärtig bewegende Gedanken und Gefühle auszudrükken. Um die kritische Auseinandersetzung mit unserer Geschichte geht es beispielsweise in einem 1980 entstandenen Lied von Lisa Milbret (geb. 1930), das von Wolfgang Rieck und Joachim Piatkowski vertont wurde: Feldstein an de Strat — Feldsteine an der Landstraße Parchim — Schwerin, die als Gedenksteine für die ermordeten KZ-Insassen des Lagers Sachsenhausen 1945 dort aufgestellt worden sind:

> De Landstrat lang, hen nah Swerin,
> stahn Stein' mit schräben Schrift,
> de sünd as Mahnung upstellt hier,
> dat uns Erinn'rung blifft.

Jüngere Autoren, die zu Hause nicht mehr mit der Mundart aufgewachsen sind, sondern sie erst aus Interesse oder durch literatursprachliche Bildung erworben haben, orientieren sich eher an einer dem Plattdeutschen nahestehenden Umgangssprache, in der hochdeutsche Neologismen nicht übersetzt, sondern gleichwertig neben Mundartwörtern stehen.[33] Das 1976 in der Bundesrepublik Deutschland entstandene sogenannte ›Brokdorflied‹: »De Politikers sitt' in 't Parlament« oder das von der Brüeler Gruppe »De Missingsch« erarbeitete Lied »Mien Döchting sitt in ehr Bett un hett Angst, dat Raketen kümm'n över Nacht« sind charakteristische Beispiele für dieses Alternieren von Mundart und Hochsprache.

Wird die rasche Verbreitung eines Liedes gewünscht, dann bedienen sich unsere Liedautoren eines bewährten Mittels: zu einer bekannten Melodie tritt ein aktueller Text. Wie alt dieses Verfahren ist, wird in diesem Liederbuch am Beispiel des Rügianischen Wolfsliedes[35] aus dem 17. Jahrhundert deutlich, das auf die Melodie »Kombt her zu mir, spricht Gottes Son« gesungen worden ist. Auch die Möglichkeit, ältere Texte zu aktualisieren, nutzen die Liedermacher. So gab das bekannte Volkslied »Ach bittrer Winter« neben der Melodie auch die Textvorlage für die zeitgemäßen Fassungen »Ach dröger Winter« (Gruppe Landleute) bzw. »O sore Regen« (Helmut Debus).

Die Sorge um unsere Umwelt spiegeln zahlreiche Texte wider. Auffällig oft tritt dabei das Motiv des Baumes als Bild für das Leben auf wie bei Hannelore Hinz »Mien Boom steiht hier«; I.-R. Sikora »De Sünn ward schienen, keen Vagel in'n Bom« oder Ursula Kurz' auf die Melodie des Weihnachtsliedes »O Tannenbaum« geschriebene Mahnung:

> O Dannenboom, o Dannenboom,
> din Kleed will uns wat lihren.
> Dat nich uns Enkelkinner läst,
> vör Tieden is ein Boom mal west...
> O Dannenboom, o Dannenboom,
> kein Leed dörf di passieren.

Die meisten neueren Lieder ›kommen an‹, man hört ihnen gerne zu — aber in der Regel bleiben es eigene Lieder der Vortragenden. Woran liegt das? Vielleicht auch im Anspruch, den die Liedermacher an ihre Kompositionen und Texte stellen. Rieck und Piatkowski formulierten diesen Anspruch in ihrem Programmheft so: Sie möchten »nicht genügsam sein und gefällig, sondern Mitteilung machen, nicht volkstümlich, sondern sozial prägnant, nicht vordergründig, sondern pointiert.« Ähnlich wirken in der BRD unter anderen die Liedermacher Hannes Wader, Helmut Debus oder Knut Kiesewetter. Ein Mitsingen des Publikums scheint bei den Kompositionen der Liedermacher unserer Tage selten möglich — wenn nicht gar unerwünscht. Neben der Neuheit des Textes zwingt vor allem die Art der Komposition zum Zuhören. Das vertraute Strophenschema wurde in der Regel erweitert, durch ausgedehnte Vor-, Zwischen- und Nachspiele der Liedinhalt zusätzlich interpretiert. Die Gruppen bevorzugen verschiedenste musikalische Stilrichtungen, verwenden ein breites Instrumentarium, das weit über die regional typischen Volksmusikinstrumente hinausgeht. So überwiegt beim Vortrag der meisten zeitgenössischen niederdeutschen Lieder ein Konzertcharakter. Diese Tendenz kulminiert in sogenannten durchgestalteten Liedprogrammen auf Veranstaltungen, in denen bekannte und unbekannte Titel thematisch geordnet folgen und durch erläuternde Zwischentexte oder kleinere Spielszenen verbunden werden. Mit ihrem Programm »Du schliefst, Land Mecklenburg« wollen Joachim Piatkowski und Wolfgang Rieck beispielsweise ein Bild von den Auswirkungen der bürgerlich-demokratischen Revolution von 1848 in Mecklenburg geben, »einen ungewöhnlichen Einblick in die erstaunlich progressiven Traditionen des zu jener Zeit rückständigen Mecklenburg gewähren ...«[34]

Während bei diesem Liedprogramm vor allem Hoffmann von Fallersleben Pate stand, war es bei einer anderen profilierten Gruppe, den »Landleuten« aus Neubrandenburg, Fritz Reuter. Das Leben der sozial Entrechteten, besonders das der Tagelöhner und des Gesindes, steht im Mittelpunkt ihrer Folge »Spann an, Jehann«.

Natürlich existieren neben diesen durchgestalteten Programmen auch solche mit reinem Unterhaltungscharakter, wofür die munteren »Plattfööt« aus Warnemünde mit ihren am Schlager orientierten Liedern stehen. Mit leichtem Schmunzeln quittiert man ihre Alltagsbeobachtungen, wobei der Plattdeutschkenner allerdings ein sehr unbekümmertes Umgehen mit der Mundart in Kauf nehmen muß. Und gewiß gibt es auch Gruppen und Liedermacher, die ihre Lieder nach völlig anderen Kriterien wählen wie die »Strandlöper« aus Wismar, die »Skiffles«, aus Schwerin, »Uns Hüsing« aus Neubrandenburg, die Gruppe Godewind aus der BRD, Klaus-Jürgen Schlettwein, Kurt Nolze, Alfred Sitte und viele andere. Einheitlich erscheint ihr Engagement für das niederdeutsche Lied, das ausstrahlen möge.

In plattdeutschen Büchern blättert man gern — hoffentlich auch in diesem.

Heike Müns

Anmerkungen zum Nachwort

[1] Müns, Heike: Niederdeutsches Liederbuch: volkstümliche Lieder aus fünf Jahrhunderten. — 3. Aufl. — Rostock, 1984

[2] Zum Verhältnis Hochdeutsch–Niederdeutsch vgl. etwa:
 — Gernentz, Hans-Joachim: Niederdeutsch — gestern und heute. — 2. Aufl. — Rostock, 1980
 — Bentzien, Ulrich: Historische Etappen der Mundartpflege im Norden der DDR. — In: Linguistische Studien. Reihe A; Arbeitsberichte 75/II. — Berlin, 1981

[3] Zur Entstehung des deutschen geistlichen Liedes vgl.:
 — Blume, Friedrich: Geschichte der evangelischen Kirchenmusik. — 2. Aufl. — Basel, 1965

[4] Jellinghaus, Hermann: Aus Kopenhagener Handschriften. — In: Jahrbuch des Vereins für niederdeutsche Sprachforschung. VII (1881). — Leipzig, 1882. — S. 1

[5] Gryse, Nicolaus: Historia van der Lere, Levende und Dode H. Joachimi Slüters. — Rostock, 1593 sub anno 1525

[6] Wossidlo-Archiv (im folgenden = WA) B IV/04; vgl. auch:
 — Müns, Heike: Kapitel »Volksmusik«. — In: Mecklenburgische Volkskunde / hrsg. von Ulrich Bentzien u. Siegfried Neumann. — Rostock, 1988 (im Druck)

[7] WA C VIII/06

[8] Ebenda

[9] Ebenda

[10] Müns, Heike: Sozialökonomische Entwicklung und Brauchwandel: untersucht an den Jahresbräuchen des mecklenburgischen Dorfes im 19. Jahrhundert. — In: Jahrbuch für Volkskunde und Kulturgeschichte. — Bd. 31. Jg. 1988 = (N. F. Bd. 16). — 1988 (im Druck)

[11] Zum Thema vgl. etwa:
 — Gosselk, Johannes: Seemannslieder von der mecklenburgischen Küste. — In: Niederdeutsche Zeitschrift für Volkskunde. — 9 (1931). — S. 231–240

- Strobach, Hermann: Shanties. — Rostock, 1967
- Gerndt, Helge: Das Lied im Seemannsleben. — In: Kultur als Forschungsfeld: über volkskundliches Denken und Arbeiten. — München, 1981. — S.99—116

[12] Mecklenburgisches Volksliedarchiv (im folgenden = MVA) Nr.804

[13] WA, Kasten »Seemännisches Lied«
vgl. auch:
Wossidlo, Richard, Ulrich Bentzien: Reise, Quartier in Gottesnaam. — 9.Aufl. — Rostock, 1980. — S.96

[14] WA, Kasten »Seemännisches Lied«
Wossidlo, R., U. Bentzien, 1980, a.a.O. — S.89ff.

[15] Mündlich durch Wolfgang Steusloff (Jahrgang 1954; bis 1987 Nautischer Offizier auf Rostocker Handelsschiffen)

[16] Rowald, Paul: Brauch, Spruch und Lied der Bauleute. — Hannover, 1903. — S.64.
vgl. auch:
Strobach, Hermann: Deutsches Volkslied in Geschichte und Gegenwart. — Berlin, 1980. — S.70f.

[17] WA, Kasten »Seemännisches Lied«
Wossidlo, R., U. Bentzien, 1980, a.a.O. — S.190

[18] Zu Nachbarreimen vgl.:
- Müns, Heike: Ein paar hundert ausgewählte alte und neue Strophen von Herrn Pasturn sien Kauh. — Rostock, 1984. — S.50

[19] WA C IX 14/8 Garbendorf

[20] Müns, Heike: Tanzmusikanten in Mecklenburg. — Rostock, 1987

[21] Müns, Heike: Jahresbrauchtum im mecklenburgischen Dorf der Übergangsperiode vom Feudalismus zum Kapitalismus: eine volkskundliche Untersuchung. — 1983. — Berlin, Phil. Diss.

[22] WA C VII 12

[23] Ebenda

[24] Wossidlo, Richard: Mecklenburgische Volksüberlieferungen. — Rostock. — Bd. IV. — 1931. — S. 123

[25] WA C VII 12

[26] WA C IX 13/6

[27] Adelung, Johann Christoph: Umständliches Lehrgebäude der Deutschen Sprache. — Leipzig. — Bd. 1. — 1782. — S. 79. — (zitiert nach Gernentz, 1985, a.a.O. — S. 5)

[28] Zum Thema vgl. auch:
— Müns, Wolfgang: Anke von Tharau und andere plattdeutsche Dichtungen hochdeutscher Schriftsteller von Simon Dach bis Herbert Nachbar. — Rostock, 1987

[29] Kant, Hermann: Antwort an einen amerikanischen Wissenschaftler. — In: Sonntag: die kulturpolitische Wochenzeitung. — (1982)15

[30] Batt, Kurt: Fritz Reuter und die Folgen. — In: Mecklenburg: ein Lesebuch / hrsg. von Kurt Batt. — Rostock, 1977. — S. 307

[31] Kant, 1982, 1982, a.a.O.

[32] Zum Problem vgl. besonders:
— Herrmann-Winter, Renate: Studien zur gesprochenen Sprache im Norden der DDR. — Berlin, 1979
— Gernentz, Hans-Joachim: Zur Verbreitung und Bewertung der niederdeutschen Mundart in den drei Nordbezirken der DDR. — In: Niederdeutsche Mundart und Literatur in der DDR. — Rostock, 1985. — S. 2—11
— Prowatke, Christa: Erfahrungen im Umgang mit der niederdeutschen Mundart. — Ebenda. — S. 12—17
— Grambow, Jürgen: Die Chancen des niederdeutschen Erzählens. — Ebenda. — S. 18—26

[33] Vgl.: Herrmann-Winter, 1979, a.a.O. — S. 69 ff.

[34] Zum Rügianischen Wolfslied vgl.:
— Bentzien, Ulrich: Das Rügianische Wolfslied. — In: Wissenschaftliche Zeitschrift der Universität Rostock, Gesellschafts- und sprachwissenschaftliche Reihe. — Rostock 7(1957/58)1. — S. 167—178

Lieber Musikfreund!

Damit das niederdeutsche Lied wieder weite Verbreitung finden möge, möchten wir Ihnen mit einer kleinen Grifftabelle aller in diesem Buch enthaltenen Harmonien für die Gitarre, die ja zum dominierenden Volksinstrument geworden ist, eine kleine Hilfestellung geben.

Bei der Harmonisierung der Lieder sind wir davon ausgegangen, daß sie so einfach wie möglich sein sollte, um auch dem Anfänger oder dem ungeübten Musikanten Anregung und Hilfe zu geben, ihm Mut zu machen, sich mit diesen Liedern zu beschäftigen. Der anspruchsvolle Musikfreund wird ohnehin seinem Geschmack und seinen Fähigkeiten entsprechende Harmonien verwenden.

Die von neueren Autoren abgedruckten Lieder blieben in der Harmonisierung weitestgehend unverändert, um die musikalische Absicht nicht zu verfälschen. Die Benutzer mögen diese Lieder selbst verändern, um sie somit zu echten Volksliedern werden zu lassen.

Rainer Wolfgang Scheibeler

Erklärung zu den verwendeten Symbolen:

0	=	Griffinger
0	=	Finger gibt den Grundton an
1	=	Zeigefinger
2	=	Mittelfinger
3	=	Ringfinger
4	=	kleiner Finger
	=	großes Barréspiel, Zeigefinger über alle Saiten
	=	kleines Barréspiel, Zeigefinger über einige Saiten
I–VII	=	Bezeichnung für den Bund
x	=	anzudämpfende Saite

Bb entspricht dem B der angloamerikanischen Schreibweise

Grifftabelle für Gitarren- u. Lautenspiel

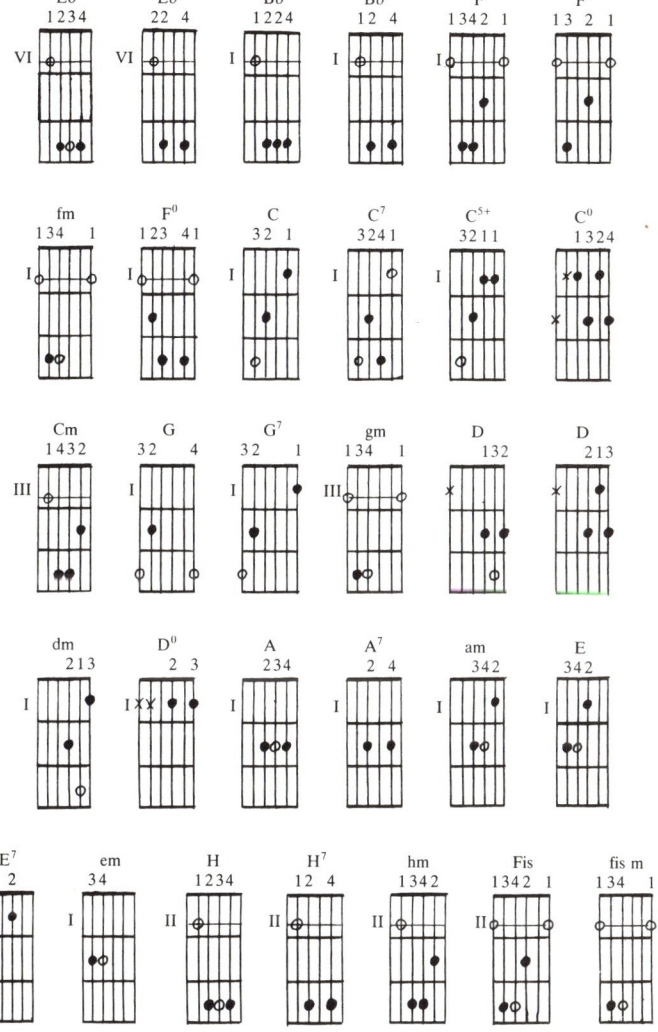

Quellen- und Literaturangaben zu den Liedern

Nr. 1 A, B, C, D, E: dien Vadding fohrt tau See
Quelle: Pl. Leederbauk 1925, 18, S. 21; Text: Helmuth Schröder (1842−1909)

Nr. 2 Ach dröger Winter
Quelle: Landleute 1983, 3, S. 7; Text verändert nach Vorlage Uhland und de Bouck, 18, S. 2

Nr. 3 Ach komm, du fein artiges Bauernmädchen
Quelle: MVA Nr. 907 (1)

Nr. 4 Ach Mudder Ierd; Text: Joachim Piatkowski, Rostock (Liedtext auf die Plastik »Mutter Erde« von Ernst Barlach); Melodie: vgl. Amiga Schallplatte Nr. 845 328

Nr. 5 Ach, wenn ick doch eenmal in'n Himmel ierst wier
Quelle: Landleute 9, S. 14; Bearbeitung nach Möller 35, S. 49

Nr. 6 Allens is vergäten
Quelle: Pl. Leederbauk 1925, 9, S. 13; Text: Ernst Hamann (1862−1952); Melodie: Johann Christian Heinrich Rinck (1770−1846)

Nr. 7 An de Eck steiht 'n Jung mit 'n Tüdelband
Quelle: Glagla 111, S. 244; Text: volkstümlich nach Ludwig Wolf (1869−1926)

Nr. 8 Anke van Tharau
Quelle: der besseren Textverständlichkeit wegen nach Borchling − Quistorp S. 172; Text: Simon Dach (1605−1659); Melodie: Friedrich Silcher (1789−1860)

Nr. 9 Ans eck biem Buern deen
Quelle: PVA A 139653

Nr. 10 As Burlala geburen was
Quelle: Gosselck/Siems 48, S. 69

Nr. 11 As de junge Mann wull op Frien utgahn
Quelle: Meyer II, 16, S. 15

Nr. 12 As ick noch 'n lütt Deern weer
Quelle: Meyer I, 17, S. 13

Nr. 13 Brauder Jakob
Quelle: Peters II, 35, S. 19

Nr. 14 Buhköhking buh
Quelle: Wossidlo III, Melodieanhang S. 5, Nr. 80

Nr. 15 Daaglang an'n Disch seeten
Quelle: Textbeilage zur Schallplatte »In dit platte Land«, Northeim

1980; Text: Helmut Debus (BRD); Melodie: zum Selbermachen. Begründung: vgl. Nachwort S. 409. (Erstmals vertont von Alfred Gulden, Saarland)

Nr. 16 Dah, wat du nie dahn hest
Quelle: Textbeilage d. unter Nr. 15 zitierten Schallplatte, Text: Helmut Debus (BRD); Melodie: zum Selbermachen; erstmals vertont von Helmut Debus

Nr. 17 Dar steiht een Lindboom
Quelle: Jöde I, S. 25

Nr. 18 Dar weer een lüttje Buerndeern
Quelle: Jöde I, S. 27

Nr. 19 Dat du mien Leewsten büst
Quelle: Strophen eins bis drei aus eigener Erinnerung, vierte und fünfte Strophe aus Tardel, 3, S. 6

Nr. 20 Dat weer in een Winter vör lange Tied
Quelle: Goodewind Leederbook 17; Text und Melodie: Verena Hocke (BRD)

Nr. 21 De Boom, de stünn so hoch un krus
Quelle: Taege-Röhnisch, S. 98 f.; Text: Erna Taege-Röhnisch, Templin; Melodie: Alfred Sitte, Kröpelin

Nr. 22 De Buur, dee wull to Acker gahn
Quelle: Jöde I, S. 86

Nr. 23 De grote Buer, de Herr vun 't Land
Quelle: Möller 56, S. 80

Nr. 24 De Harwstwinn weiht dörch Warnemünn', Text und Melodie: Rudolf Ertl, Rostock

Nr. 25 De Klock, de hett al elben schlohn
Quelle: Taege-Röhnisch, S. 22; Text: Erna Taege-Röhnisch; Melodie: Fritz Röhnisch

Nr. 26 De Klock hett tein slan (Nachtwächterruf)
Quelle: Lemmermann 40, S. 49

Nr. 27 De Landstrat lang, hen nah Swerin, Text: Lisa Milbret, Rostock; Melodie: zum Selbermachen (Erstmals vertont von Wolfgang Rieck und Joachim Piatkowski, Rostock; vgl. Amiga Schallplatte Nr. 845242

Nr. 28 De Linnewewers slacht alle Johr twee Swien
Quelle: Jöde I, S. 97

Nr. 29 De lütte Stadt geiht slapen sacht
Quelle: Kurz II, S. 25; Text: Ursula Kurz, Wittenburg; Melodie: Klaus-Jürgen Schlettwein, Güstrow

Nr. 30 De mit de Katt'n plögen will
Quelle: Lemmermann 36, S. 45

Nr. 31 De Politikers sitt in't Parlament
Quelle: Geschichte in Liedern, S. 99; Melodie nach »Jan Hinnerk wahnt up de Lammerstraat«

Nr. 32 De Rosenstruk, de hett ne Knopp
Quelle: Taege-Röhnisch, S. 18; Melodie: zum Selbermachen (Erstmals vertont von Rieck-Piatkowski, Rostock)

Nr. 33 De Schauster möt miene Schauh noch flicken
Quelle: Landleute, 14, S. 20

Nr. 34 De See geiht hoch, de Wind de blast
Quelle: Glagla, 98, S. 208; Text: plattdt. Fassung von »Roll the Cotton down« durch Heinrich Schacht (1817—1863)

Nr. 35 De Sidensnur geiht üm dat Hus
Quelle: Jöde I, S. 137

Nr. 36 De Sünn ward schienen
Text: Inge-R. Sikora, Rostock; Melodie: Elfi Koch, Marsow

Nr. 37 De Tiet, de rennt sacht furt mit mi
Text: Wolfgang Rieck (Text auf eine Holzplastik von Ernst Barlach; Originaltitel des Gedichtes: »De Drömer«; Melodie auf Amiga Schallplatte Nr. 8 45 328); Melodie hier: zum Selbermachen

Nr. 38 De Wächter geiht to blasen
Quelle: Groth, S. 265; Text: Klaus Groth (1819—1899); Melodie: Carl Reineke (1824—1910)

Nr. 39 De Welt is rein so sachen
Quelle: Groth, S. 217; Text: Klaus Groth; Melodie: Carl Stiehl (1826—1911), hier Strophe 1—4

Nr. 40 Dei ierst Mann is dei Spinner
Quelle: durch Egon Brauns, Karlsburg, mitgeteilt; Text: Autor unbekannt, aus Freest bei Greifswald, etwa 1928; Melodie: vermutlich Gustav Häußler, etwa 1928 in Kröslin

Nr. 41 Dei Kuckuck up den Tuune satt
Quelle: Pl. Leederbauk 1925, 15, S. 17, Strophen 7—9 nach Wossidlo II, S. 445

Nr. 42 Dei Mond, dei schient so hell, so klor
Quelle: PVA 9899 (Aus einem handschriftlichen Liederbuch aus Kolberg)

Nr. 43 Den Dag oewer hett sei sick buten rümquält
Text: Karl Puls (1898—1962); Melodie: Folkloregruppe Strandlöper, Wismar (Gunnar und Sandra Rieck);

Nr. 44 Dochter, wullt du 'n Mann hem?
   Quelle: Tardel, 9, S. 10
Nr. 45 Dor fohr von Hamborg mol so'n ohlen Kassen
   Quelle: Glagla, 96, S. 203
Nr. 46 Dor wieren eenst dree Suldaten
   Text: Wolfgang Rieck; der Liedtext entstand unter dem Eindruck des Ehrenmales von Ernst Barlach im Magdeburger Dom. Originaltitel: »De dree Suldaten«; Melodie auf Amiga Schallplatte Nr. 845328.
Nr. 47 Dor wiren twee Königskinner
   Quelle: Winterabend S. 24, Melodie Nr. 2, S. 52
Nr. 48 Dree Dag', dree lustige Dag'
   Quelle: Haas, 35, S. 68
Nr. 49 Du kleiner Schuster, du
   Quelle: MVA Nr. 209
Nr. 50 Eia, Kindken, ick weege di
   Quelle: Möller, 32, S. 47
Nr. 51 Eia poppeia
   Quelle: Jöde, S. 127
Nr. 52 Eija wi, wi
   Quelle: MVA Nr. 87 (1)
Nr. 53 Ein Bauer wollt zu Holze fahr'n
   Quelle: MVA A 88530
Nr. 54 Ein Groffsmidt set in goder Rauh
   Quelle: Erdmann, 53, S. 73
Nr. 55 En oller Kater, gries un swatt
   Quelle: mitgeteilt durch Karin Grunst, Wismar; Text: vermutlich Friedrich Fischer, geb. 1872, der es auf jeder Familienfeier vortrug; Melodie: Ein Vogel wollte Hochzeit machen
Nr. 56 Es wollt ein Mädchen zum Tanze gehn
   Quelle: Gosselck/Siems, 13, S. 26
Nr. 57 Et liggt een See
   Quelle: Landleute, 22, S. 28; Text: Franz Freitag; Melodie: Wolfgang Scheibeler, Gruppe »Landleute«, Neubrandenburg
Nr. 58 Et wer enmol en Frier, o joa
   Quelle: PVA A 139649
Nr. 59 Fru Püttelkow ut Hagenow
   Quelle: Popki-Hinnergk, S. 68; Text und Melodie: Klaus-Dietrich Lass, Gruppe Plattfööt, Schwerin
Nr. 60 Gah ick dörch mien Heimatstraten
   Text und Melodie: Hannelore Hinz, Schwerin

Nr. 61 Gah von mi
Quelle: Müns, 67, S. 107
Nr. 62 Gaus up 'e Däl
Quelle: MVA Nr. 207 (1)
Nr. 63 Gistern abend wir Vedder Michel dor
Quelle: MVA Nr. 319 (1)
Nr. 64 Goden Abend all tosam'n
Quelle: Landleute, 2, S. 6
Nr. 65 Grad' as in'n Drom
Text: Lisa Milbret; Melodie: Roland Seth, Rostock, Gruppe »Nach der Arbeit«
Nr. 66 Greten, kumm mal vör de Dör
Quelle: Gosselck/Siems, 59, S. 87
Nr. 67 Hal mi den Saalhund
Quelle: Haas, 45, S. 88
Nr. 68 Hans Nahber, ick hebb et juu togebröcht
Quelle: Erdmann, 59, S. 79
Nr. 69 Harr ick man dree Wünsche
Quelle: Jöde, S. 45
Nr. 70 He sä mi so vel
Quelle: Groth, S. 368; Text: Klaus Groth; Melodie: Julius Otto Grimm (1827—1903)
Nr. 71 Hebbt ji mien'n Buern ok sehn
Quelle: Pl. Leederbauk 1925, S. 32
Nr. 72 Heidel didel deper
Quelle: Haas, 59, S. 120
Nr. 73 Herr Smidt, Herr Smidt
Quelle: Erdmann, 66, S. 88
Nr. 74 Hier liggt en Appel, dor liggt en Beer
Quelle: Möller, 39, S. 54
Nr. 75 Hoch kloppt dat Hart
Quelle: mitgeteilt durch Erika Dunkelmann, Ahrenshoop/Rostock, und Ursula Boldt, Bad Doberan; das Lied wurde besonders um 1930 gesungen
Nr. 76 Hört, hört, wat ick juch seggen will
Quelle: Haas, 4, S. 11
Nr. 77 Hür Sœhn, hier hest du mien Galljot
Quelle: MVA Nr. 87 (1); Text: Heinrich Schacht (1817—1863); Gelegenheitsdichtung auf die Melodie »Der Papst lebt herrlich in der Welt«

Nr. 78 Hüt bün ick noch lütt
 Quelle: Singbook, S. 12; Text: Walter Rothenburg; Melodie: Erich Walden; Originaltitel: »Fohr mi mol röber«.
Nr. 79 Hullerdebuller un dideldumdei
 Quelle: Taege-Röhnisch, S. 11; Text: Erna Taege-Röhnisch; Melodie: Alfred Sitte
Nr. 80 Hurra! Dat Seefohrn is mien Leben
 Quelle: MVA Nr. 801 und Schacht, S. 24
Nr. 81 Ick bin een Buersmann
 Quelle: Strobach, Bauernklagen, 19. S. 195
 nach DVA: A 61852
Nr. 82 Ick bün een Walfischfänger
 Quelle: Kiesewetter, S. 18
 Text und Melodie: Knut Kiesewetter (BRD)
Nr. 83 Ick güng mal eens nah Hamborg rin
 Quelle: Möller, 55, S. 78
Nr. 84 Ick hebb so lang nich an di dacht
 Quelle: Taege-Röhnisch, S. 16
 Text: Erna Taege-Röhnisch; Melodie: Fritz Röhnisch
Nr. 85 Ick hebbe se nicht up de Scholen gebracht
 Quelle: Glagla, 25, S. 70
Nr. 86 Ick heff mol een Hamborger Veermaster sehn
 Quelle: Strobach, Shanties, S. 52
Nr. 87 Ick mot lieden
 Quelle: Rostocker Liederbuch, 53, S. 270
Nr. 88 Ick sach min Heern van Valkensteen
 Quelle: Strobach, Droben auf jenem Berge, S. 76, Nr. 57
 Melodie und Bearbeitung: Gruppe »Spälkram«, Rostock
Nr. 89 Ick stah up en oll leddig Fatt
 Text: Otto Schröder; Melodie: Klaus-Peter Winter, Gruppe Skiffle, Schwerin (unter Verwendung eines amerikanischen Tanzes)
Nr. 90 Ick treck mit mienen Ewer
 Quelle: Schallplattenbeilage der Gruppe »Liederjan«
 Text: Hein Hoop (BRD); Melodie: Jörg Ermisch (BRD)
Nr. 91 Ick und mien Lisbeth willt Summerfeld ga'en
 Quelle: Westfälisches Liederblatt, S. 35
Nr. 92 Ick weet een Leed
 Quelle: Wossidlo II, S. 503
Nr. 93 Ick weet een stolte Wewerin
 Quelle: Jöde, S. 140

Nr. 94 Ick weit ein Land, dat mi geföllt
Text: Annegret Pautsch, Gruppe »Landleute«, Neubrandenburg, nach einem Text von Felix Stillfried (1851—1910); Melodie: »Stimmt an mit hellem, hohem Klang«

Nr. 95 Ick weit einen Eikboom
Quelle: Pl. Leiderbauk 1922, 2, S. 6
Text: Fritz Reuter (1810—1874); Melodie: Wilhelm Bade (1855—1900)

Nr. 96 Ick weit en Leid, wat säuter klingt
Text: Helmuth Schröder; Melodie: Wolfgang Keller, Ribnitz

Nr. 97 Ick will juu sing'n
Quelle: Jöde, S. 90

Nr. 98 Ick will vertelln, wat is passiert
Quelle: Windmöhl, 22, S. 20

Nr. 99 Ick wull, wi weer'n noch kleen, Jehann
Text: Klaus Groth; Melodie: Ernst Licht

Nr. 100 In Gluckgluck lew ick
Quelle: Tardel, 31, S. 55

Nr. 101 In Hamborg is doch, wie bekannt
Quelle: Dat Leederbook 1985, S. 24
Text: Ludwig Wolf; Melodie: Maurice Scott. Originaltitel: »Snuten un Poten«.

Nr. 102 Is dar för ehrlich arm Lüü Grund
Quelle: Come to meet us, 1978
Text: Oswald Andrae (BRD), nach dem Song des schottischen Dichters Robert Burns (1759—1796) »For a' that and a' that«; Melodie: zum Selbermachen

Nr. 103 Is dat Fröhjohr weer dor
Quelle: Godewind, Nr. 7
Text und Melodie: Larry Evers (BRD)

Nr. 104 Jan Hinnerk wahnt in de Lammer-Lammerstrat
Quelle: Meyer II, 17, S. 17

Nr. 105 Juchhe, Hochtiet und Hochtiet is hüüt
Quelle: Haas, 33, S. 64

Nr. 106 Juchhe, lustig, seggt he
Quelle: MVA Nr. 820 (1)

Nr. 107 Kartüffelkruut is gräun
Quelle: MVA Nr. B 33444

Nr. 108 Kleener Mann wull grot Fruu frieg'n
Quelle: Gosselck/Siems, 54, S. 79

Nr. 109 Kumm, un führ mit mien' Auto
Quelle: För lütt Lüd, S. 28
Text: Lisa Milbret; Melodie: traditionell

Nr. 110 Lett mal min' Seel de Flüchten hängen
Quelle: Grambow/Müns, S. 227
Text: Martha Müller-Grählert (1876—1939); Melodie: Gunnar und Sandra Rieck, Gruppe »Strandlöper«, Wismar

Nr. 111 Liesing klingen Wihnachtsglocken
Quelle: Kurz I, S. 31, Text: Ursula Kurz, Wittenburg; Melodie: Wolfgang Scheibeler

Nr. 112 Likedeeler, Likedeeler, kennt ji diss'n Nam
Text und Melodie: Rudolf Ertl, Rostock

Nr. 113 Lovet sistu Jesu Christ
Quelle: Jellinghaus, S. 1; Slüter, S. Eij (S. 35), angeglichen an Glagla, S. 98

Nr. 114 Lüd, Lüd, nu geiht dat an
Quelle: Schultz, S. 6
Tanzlied aus Mönchgut (Insel Rügen), bei dem die weiten weißen Hosen der Männer »schütteln« müssen.

Nr. 115 Lütt Anna Susanna
Quelle: MVA Nr. 636 (1), Strophe 5 nach eigener Erinnerung

Nr. 116 Lütt Matten, dei Has'
Quelle: MVA Nr. 91 (1); Groth, S. 212
Text: Klaus Groth; Melodie: nach Aufzeichnung Hans Erdmanns 1920 in Schwerin; Text entsprechend hier übernommen; Melodie geht auf Johannes Schondorf (1833—1912) zurück.

Nr. 117 Magst mi noch liden
Quelle: Fröhling, 81, S. 99
Text: Alwine Wuthenow (1820—1908); Melodie: Otto Kaden

Nr. 118 Man drinkt fœr'n Döst
Quelle: Pl. Leederbok 1911, 86, S. 93

Nr. 119 Man töben, man töben
Quelle: Taege-Röhnisch, S. 59
Text: Erna Taege-Röhnisch; Melodie: Fritz Röhnisch

Nr. 120 Meikens, ach beduret mi
Quelle: Erk-Irmer, 1838, Heft 13

Nr. 121 Meister Moritz harr ins grot tokakt
Quelle: Lemmermann, 39, S. 48

Nr. 122 Mi is en fien bruun Mäken
Quelle: Jöde, S. 52

Nr. 123   Mien Boom steiht hier
   Text und Melodie: Hannelore Hinz
Nr. 124   Mien Schatz is een Jäger
   Quelle: Fröhling, 82, S. 100
   Text: Alwine Wuthenow; Melodie: Fritz Kolleker
Nr. 125   Mien Vadding is een Schipper
   Quelle: För lütt Lüd, S. 27
Nr. 126   Min Anna is en Ros' so rot
   Quelle: Groth, S. 181
   Text: Klaus Groth; Melodie: Leonhard Selle
Nr. 127   Min Modersprak, wa klingst du schön
   Quelle: Groth, S. 161
   Text: Klaus Groth; Melodie: Wilhelm Bade
Nr. 128   Min Oll, de hett ein Liewgericht
   Quelle: Kurz I, S. 8
   Text: Ursula Kurz; Melodie: Klaus-Jürgen Schlettwein
Nr. 129   Min zuckersöt Suschen
   Quelle: Groth, S. 234
   Text: Klaus Groth; Melodie: Gustav Eggers (1835—1860)
Nr. 130   Min Vader heet Hans Vagelnest
   Quelle: Haas, 64, S. 128
Nr. 131   Mit den Ränzel up den Nacken
   Text: Helmuth Schröder; Melodie: Wolfgang Keller, Ribnitz
Nr. 132   Nu geiht de Herwstwind över de Heid
   Quelle: Taege-Röhnisch, S. 74
   Text: Erna Taege-Röhnisch; Melodie: Fritz Röhnisch
Nr. 133   Nu lat uns sing'n dat Abendleed
   Quelle: Meyer II, 48, S. 42
Nr. 134   O Danneboom, o Danneboom
   Quelle: Reifferscheid, 24, S. 48
Nr. 135   O Dannenboom, o Dannenboom
   Quelle: Pl. Leederbok 1911, 165, S. 175
   Text: Wilhelm Bade;
   Melodie für die Lieder 135, 136 und 137 wie zum hochdt. Volkslied
   »O Tannenbaum«.
Nr. 136   O Dannenboom, leiw Dannenboom
   Quelle: Pl. Leederbok 1911, 166, S. 176
Nr. 137   O Dannenboom
   Quelle: Kurz II, S. 24
   Text: Ursula Kurz

Nr. 138 O Hannes, wat een Haut
   Quelle: Hamm, 39, S. 30
Nr. 139 O Moder, wat heff ick een Bäumeken seihn
   Quelle: Westfalenspiegel, S. 4
Nr. 140 O sore Rägen
   Quelle: Schallplattenbeiheft »Kaamt tohop«
   Helmut Debus aktualisierte ein Lied aus dem 16. Jahrhundert
Nr. 141 Oever de stillen Straten
   Quelle: Jöde II, S. 21
   Text: Theodor Storm; Melodie: Ernst Licht
Nr. 142 Oever Straten, dee verlaten
   Quelle: Kurz I, S. 30
   Text: Ursula Kurz; Melodie: Wolfgang Scheibeler
Nr. 143 Oll Mann wull ried'n
   Quelle: Müns, 102, S. 167
Nr. 144 Pingsbötel, Hawergarf, Bokwetenstroh
   Quelle: Kück, S. 139
Nr. 145 Prost Brauder Dickmuul
   Quelle: Gosselck/Siems, 47, S. 69
Nr. 146 Rägen kloppt an't Finster
   Text und Melodie: Wolfgang Kniep
Nr. 147 Rau, rau Rummelsdöppen (Heischelied)
   Quelle: Böhme, Deutsches Kinderlied, Nr. 1708
Nr. 148 Regen, Regen, drus'
   Quelle: Groth, S. 215
   Text: Klaus Groth; Melodie: volkstümlich
Nr. 149 Sacht över't Water, dor schaukelt en Kahn
   Text und Melodie: Wolfgang Kniep
Nr. 150 Sag, o Schönste, willst du lieben
   Quelle: Haas, 48, S. 94
Nr. 151 Schön Anna stunn vör Stratendör
   Quelle: Groth, S. 209
   Text: Klaus Groth; Melodie: Friedrich Silcher
Nr. 152 Schön is dat Soldatenleben
   Quelle: Tardel, 29, S. 51 (gekürzt)
Nr. 153 Schwart is dei Nacht
   Text: Wilhelm Rabe, etwa 1928, Freest; Melodie: Gustav Häußler
Nr. 154 Sitt de Seelüd obends mol
   Quelle: Glagla, 102, S. 215
   Text und Melodie: Klaus Prigge

Nr. 155 Sitt 'ne lütte Diern up 'n breeden Steen
Quelle: Möller, 46, S. 35

Nr. 156 Slap Kindjen söt
Quelle: Groth, S. 214; zu singen nach der unter Nr. 157 angegebenen Melodie.

Nr. 157 Slap, Kinning, slap
Quelle: MVA Nr. 36 (1)

Nr. 158 So einsam is't an'n Strann'
Quelle: Grählert, S. 36
Text: Martha Müller-Grählert; Melodie: zum Selbermachen

Nr. 159 Spinn, mien leewe Dochter
Quelle: Jöde, S. 75

Nr. 160 Steiht 'ne Galerie-Hollänner-Möhl
Text: Lisa Milbret; Melodie: Dieter Krüger, Gruppe »Müllerburschen«, Dabel

Nr. 161 Still, mien Hanne, hör mi to
Quelle: Groth, S. 189
Text: Klaus Groth; Melodie: Leonhard Selle (1816–1888)

Nr. 162 Still schaffte ein Mann
Text: Lisa Milbret; Verse auf eine Plastik von Ernst Barlach; Melodie: zum Selbermachen

Nr. 163 Störtebeker und Gode Micheel
Quelle: Alpers, Nr. 19, und Reincke, S. 223 f.; Melodie: Liederbuch Fabricius, bei Bolte, Musikbeilage. Schreibweise ab Strophe 2 nach Glagla Nr. 26, S. 72 f.

Nr. 164 Suse, leiwe Suse
Quelle: MVA Nr. 13 (1)

Nr. 165 To Pingst'n, ach wie scheun
Quelle: Glagla, 104, S. 221
Text: Heinrich Köllisch (1857–1901); Melodie: T. F. Schild

Nr. 166 Trügg liggt sei, ach so wiet
Text: Helmuth Schröder; Melodie: Wolfgang Keller

Nr. 167 Tuck, tuck, tuck mien Häuneken
Quelle: MVA Nr. 35 (1)

Nr. 168 Un as dat Mäke na Melken ging
Quelle: MVA Nr. 3673

Nr. 169 Un as dei Großvadder dei Großmudder nehm
Quelle: Gosselck/Siems, 64, S. 92

Nr. 170 Un kümmt de leewe Sünndag an
Quelle: Tardel, 42, S. 85

Nr. 171   Unse gele Hinn
   Text: Erna Taege-Röhnisch; Melodie »Slap, Kindjen slap«
Nr. 172   Up den Kamp von Doberan
   Text: Ilse Mühlbach, Bad Doberan; Melodie: Alfred Sitte
Nr. 173   Vör Johren stünn dat leger üm uns Cowboys
   Text und Melodie: Wolfgang Kniep
Nr. 174   Vör ollen Tieden, da was et noch god
   Quelle: Steinitz I, 23, S. 95 (1808, Küstrin)
Nr. 175   Wak up, miens Harten Schöne (gekürzt)
   Quelle: Müns, 124, S. 201
Nr. 176   Wat heww ick miene Heimat leew
   Quelle: »Mit oll Topp ...«, S. 5
   Text: Berthold Brügge (1909—1979); Melodie: Jochen Allihn, Berlin
Nr. 177   Wat kloppt an miene Dör
   Quelle: Möller, 50, S. 69
Nr. 178   Wat nehm ick mi denn för een'n Mann
   Quelle: Haas, 47, S. 92
Nr. 179   Wat weenst du di de Ogen blank
   Quelle: Groth, S. 192
   Text: Klaus Groth; Melodie: traditionell, hier nach der von der Gruppe »Antiqua« harmonisierten Fassung von Hannes Wader
Nr. 180   Wecker steckt sien Näs' in jeden Dreck?
   Quelle: Müns, 109, S. 178 (Spottlied auf den Warnemünder Pastor d'Allemand, um 1930)
Nr. 181   Weer mal en Buer, de wull in de Stadt
   Quelle: Kiesewetter, Leder, Lüüd, S. 4
   Text und Melodie: Knut Kiesewetter (anekdotischer Wanderstoff, beispielsweise bei Fritz Reuter)
Nr. 182   Wenn abends rot de Wulken treckt
   Quelle: Groth, S. 188
   Text: Klaus Groth; Melodie: Leonhard Selle; Arrangement: Gruppe »Spälkram«, Rostock
Nr. 183   Wenn de Pott œwer nu een Lock hett
   Quelle: Erdmann, 56, S. 76
Nr. 184   Wenn de Wind dör de Bööm weit
   Quelle: Kiesewetter, Leder, Lüüd, S. 3
Nr. 185   Wenn hier ein Pott mit Bohnen steiht
   Quelle: MVA Nr. 223
Nr. 186   Wenn Pingsten is
   Text: Fritz Meyer-Scharffenberg (1912—1975); Melodie: Jochen Renz, Rostock

Nr. 187 Wer mi nich in de Ogen kieckt
Text: Otto Schröder; Melodie: Klaus-Peter Winter, Schwerin.

Nr. 188 Wi Börgers sünd beduernswiert
Quelle: MVA, Einsendung aus Malchin, gesungen 1887; Melodie »O Tannenbaum«

Nr. 189 Wi knüppen un wäben en Teppich för't Läben
Text und Melodie: Rudolf Stundl, Freest/Greifwald, 1928

Nr. 190 Wie grün sind doch die Tann'
Quelle: Winterabend S. 34, Melodie Nr. 3

Nr. 191 Wie komm ick an dien Vadderhus
Quelle: Landleute, 13, S. 18 (ndd. Fassung des hd. Liedes)

Nr. 192 Wihnachtenabend
Quelle: Stahl, 96, S. 125

Nr. 193 Wille jy Herrn uns recht verstahn (gekürzt)
Quelle: Bentzien, Wolfslied, S. 107 ff.

Nr. 194 Wo de Ostseewellen
Quelle: Müns, 121, S. 196

Nr. 195 Wo ik herkam
Quelle: Schallplattenbeiheft »Wo ik herkam«, Pl 767
Text: Helmut Debus (BRD); Melodie: zum Selbermachen

Nr. 196 Wo sind min Johren bleben
Quelle: Grambow/Müns, S. 145
Text: Helmuth Schröder; Melodie: Wolfgang Keller

Nr. 197 Wol ünner den Lindenbom gröne
Quelle: Jöde, S. 59

Nr. 198 Woväl is dat Läben wiert
Text: Wolfgang Rieck, Originaltitel: »Hans ohn Glück«; Melodie auf Amiga Schallplatte 8 45 328
Melodie hier: zum Selbermachen

Nr. 199 Zi, za, harr 'k man 'n lütten Sluck
Quelle: MVA Nr. 405

Nr. 200 Zopperloot, seggt he
Quelle: Glagla, 60. S. 153
Text: Heinrich Schacht; Melodie: vgl. »Juchhei, lustig ...«

Literaturverzeichnis

Alpers, Paul: Die alten niederdeutschen Volkslieder. — Hamburg, 1924
Andrae, Oswald: Come to meet us. Kumm uns tomööt: Low German/ Englisch-Poetry; Gedichte und Lieder; Übersetzungen und Nachdichtungen; selbstkritische Darstellung über die Beeinflussung niederdeutscher Texte des Autors O. Andrae durch die englische Lyrik. — o. O.; Selbstverlag, 1978
Batt, Kurt: Mecklenburg: ein Lesebuch. — Rostock, 1977
Bentzien, Ulrich: Das Rügianische Wolfslied. — In: Wissenschaftliche Zeitschrift der Universität Rostock, Gesellschafts- und sprachwissenschaftliche Reihe. — Rostock 7(1957/58)1
Bentzien, Ulrich: Historische Etappen der Mundartpflege im Norden der DDR. — In: Linguistische Studien. Reihe A, Arbeitsberichte 75/II. — Berlin, 1981
Blume, Friedrich: Geschichte der evangelischen Kirchenmusik. — 2. Aufl. — Kassel; Basel, 1965
Böhme, Franz Magnus: Deutsches Kinderlied und Kinderspiel. — Leipzig, 1897
Bolte, Johannes: Aus dem Liederbuch des Petrus Fabricius um 1603. — In: Jahrbücher des Vereins für niederdeutsche Sprachforschung. — 13(1887) Musikbeilage, Nr. 1a
Borchling, Conrad und Hermann Quistorf: Tausend Jahre Plattdeutsch. — Hamburg, 1927/29. — 2 Bde.
Brockpähler, Renate: Rund um den Weihnachtsbaum. — In: Westfalenspiegel. — (1961)12 (= Westfalenspiegel)
Brügge, Berthold: Mit Oll Topp bi Kap Huurn un anner Geschichten. — Rostock, 1979 (= Mit oll Topp)
Brügmann, Karl und Wilhelm Rittinghaus: Westfälisches Liederblatt. — Heft 1. — Leipzig, 1914 (= Westfälisches Liederblatt)
Dat Leederbook: so singt wü bi uns an de Küst. — Hamburg, 1985
Debus, Helmut: In dit platte Land. — Schallplatte. — Northeim, 1980
Erdmann, Hans: Volkslieder aus Mecklenburg. — Schwerin, 1960 (= Erdmann)
För lütt Lüd: mecklenburgische Spiele, Geschichten, Lieder und Tänze für Kinder / hrsg. vom Mecklenburgischen Folklorezentrum für die drei Nordbezirke. — Rostock, 1983
Fröhling, Albert: Pommernsang: ein plattdütsch Liderbauk. — Stettin, 1926

Gernentz, Hans Joachim: Niederdeutsch — gestern und heute. — 2. Aufl. — Rostock, 1980

Glagla, Helmut: Das plattdeutsche Liederbuch: 123 niederdeutsche Volkslieder von der Frührenaissance bis ins 20. Jahrhundert. — München; Zürich, 1982

Gerndt, Helge: Das Lied im Seemannsleben. — In: Kultur als Forschungsfeld: über volkstümliches Denken und Arbeiten. — München, 1981

Godewind Leederbook: Harrislee, 1985

Gosselck, Johannes und Friedrich Siems: Volkslieder aus den beiden Mecklenburg. — Rostock, 1933 (= Gosselk-Siems)

Gosselck, Johannes: Seemannslieder von der mecklenburgischen Küste. — In: Niederdeutsche Zeitschrift für Volkskunde. — 9(1931)

Grambow, Jürgen und Wolfgang Müns: Ick weit en Land ...: niederdeutsche Gedichte und Reim-Schwänke aus Mecklenburg/Vorpommern. — Rostock, 1984

Quickborn-Lieder: = Klaus Groth: Sämtliche Werke. — Heide/Holstein. — Bd. 1. — 1981

Gryse, Nicolaus: Historia van der Lere, Levende und Dode H. Joachimi Slüters. — Rostock, 1593 sub anno 1525

Haas, Alfred: Pommersche Volkslieder. — Leipzig, 1927

Geschichte in Liedern (1815—1979): Programmheft: Öffentliche Abendveranstaltung beim 22. Deutschen Volkskundekongreß, Kiel 1979

Hamm, Heinz: Fröhliche Volkslieder der Niederdeutschen. — Hamburg, 1936 (= Hamm)

Herrmann-Winter, Renate: Studien zur gesprochenen Sprache im Norden der DDR. — Berlin, 1979

Jellinghaus, Hermann: Aus Kopenhagener Handschriften. — In: Jahrbuch des Vereins für niederdeutsche Sprachforschung. VII (1881). — Leipzig, 1882

Jöde, Fritz: Uns plattdüütsch Singbook för plattdüütsch Land un Waterkant. — Wolfenbüttel; Zürich, 1969 (= Jöde II)

Jöde, Fritz: Van Golde dree Rosen. — Hamburg, 1922 (= Jöde I)

Kiesewetter, Knut und Kay Fiede: Leeder, Lüüd und Fresenland: plattdeutsche Lieder für Gesang und Gitarre. — Hamburg, o. J.

Kück, Eduard: Das alte Bauernleben der Lüneburger Heide. — Leipzig, 1906

Kurz, Ursula: Heimatleiv. — Hagenow, 1986

Lemmermann, Albert: Ut Hartensgrund: alte und neue Volkslieder aus Niedersachsen. — 3. Aufl. — Bremen, 1922

Lieder der Landleute: 22 hoch- und niederdeutsche Lieder. — Neubrandenburg, 1983 (= Landleute)

Meyer, Gustav Friedrich: Nu lat uns singen. Erster und zweiter Teil. — Kiel, 1912 (= Meyer I, II)

Möller, Rudolf: Plattdeutsche Volkslieder. — Hamburg, 1933 (= Möller)

Müns, Heike: Ein paar hundert ausgewählte alte und neue Strophen von Herrn Pasturn sien Kauh. — Rostock, 1984

Müns, Heike: Niederdeutsches Liederbuch: Volkstümliche Lieder aus fünf Jahrhunderten. — 3. Aufl. — Rostock, 1984

Müns, Heike: Sozialökonomische Entwicklung und Brauchwandel: untersucht an den Jahresbräuchen des mecklenburgischen Dorfes im 19. Jahrhundert. — In: Jahrbuch für Volkskunde und Kulturgeschichte. — Bd. 31. Jg. 1988 = (N. F. 16). — 1988 (im Druck)

Müns, Heike: Volksmusik. — In: Mecklenburgische Volkskunde / hrsg. von Ulrich Bentzien und Siegfried Neumann. — Rostock, 1988 (im Druck)

Müns, Wolfgang: Anke van Tharau und andere plattdeutsche Dichtungen hochdeutscher Schriftsteller von Simon Dach bis Herbert Nachbar. — Rostock, 1987

MVA = Mecklenburgisches Volksliedarchiv

Niederdeutsche Mundart und Literatur in der DDR. — Rostock, 1985

Oetke, Herbert: Windmöhl: niederdeutsche Volkstänze, mit einem Anhang niederdeutscher Volkslieder. — Berlin, 1948 (= Windmöhl)

Peters, Marie: Mecklenburgische Bauerntänze. — Schwerin, 1909 (= Peters I)

Peters, Marie: Mecklenburgische Bauerntänze. — Schwerin, 1911 (= Peters II)

Plattdütsch Leederbok / rutgeben von den Allgemeinen Plattdeutschen Verband. — Berlin, 1911

Plattdütsch Leederbauk för Schaul un Huus / rutgäbn von'n Plattdütschen Landes-Verband Meckelborg. — Rostock, 1922 und 1925 (= Pl. Leederbauk und Pl. Leederbauk 1925)

PVA = Pommersches Volksliedarchiv

Ranke, Friedrich und J. M. Müller-Blattau: Das Rostocker Liederbuch / nach den Fragmenten der Handschrift neu herausgegeben. — Halle, 1927 (= Rostocker Liederbuch)

Reifferscheid, Alexander: Westfälische Volkslieder. — Heilbronn, 1879

Rowald, Paul: Brauch, Spruch und Lied der Bauleute. — Hannover, 1903

Popki, Christel und Helmuth Hinnergk: 66 Brett'l-Knaller und andere Knallschoten für die ganze Familie. — Berlin, 1985

Schultz, Willi: Schüddel de Büx: acht Volkstänze. — Berlin, 1928

Slüter, Joachim: Joachim Slüter's ältestes Rostocker Gesangbuch vom Jahre 1531 und der demselben zuzuschreibende Katechismus vom Jahre 1525 / hrsg. von C. M. Wiechmann-Kadow. — Schwerin, 1858

Stahl, Wilhelm: 100 Volkslieder aus Lübeck. — Lübeck, 1915 (= Stahl)

Steinitz, Wolfgang: Deutsche Volkslieder demokratischen Charakters aus sechs Jahrhunderten. — Berlin. — Bd. 1. — 1954

Strobach, Hermann: Bauernklagen: Untersuchungen zum sozialkritischen deutschen Volkslied. — Berlin, 1964

Strobach, Hermann: Shanties. — Rostock, 1966 und 1967

Tardel, Hermann: Niederdeutsche Volkslieder aus Schleswig-Holstein und den Hansestädten. — Münster, 1928 (= Tardel)

Taege-Röhnisch, Erna: Tieden un Lüd: plattdeutsche Gedichte. — Rostock, 1986

Uhland, Ludwig und de Bouck: Die niederdeutschen Liederbücher von Uhland und de Bouck / hrsg. vom Verein für niederdeutsche Sprachforschung. — Hamburg, 1883

Uns Singbook: 25 Shanties und Leeder von der Woderkant. — Hamburg, 1976 (= Singbook)

Wo de Ostseewellen trecken an den Strand ...: vom Leben und Werk der Zingster Heimatdichterin Martha Müller-Grählert. — (Zingster Heimatheft; 2)

Wossidlo, Richard: Ein Winterabend in einem mecklenburgischen Bauernhause. — Wismar, 1937 (= Winterabend)

Wossidlo, Richard: Mecklenburgische Volksüberlieferungen. Zweiter Band: Die Tiere im Munde des Volkes. — Wismar, 1899 (= Wossidlo II)

Wossidlo, Richard: Mecklenburgische Volksüberlieferungen. Dritter Band: Kinderwartung und Kinderzucht. — Wismar, 1906 (= Wossidlo III)

Alphabetisches Verzeichnis der Liedanfänge

Nr.	1 A, B, C, D, E: dien Vadding fohrt tau See	7
Nr.	2 Ach dröger Winter	9
Nr.	3 Ach komm, du fein artiges Bauernmädchen	11
Nr.	4 Ach Mudder Ierd	12
Nr.	5 Ach, wenn ick doch eenmal in'n Himmel ierst wier	14
Nr.	6 Allens is vergäten	16
Nr.	7 An de Eck steiht 'n Jung mit 'n Tüdelband	17
Nr.	8 Anke van Tharau	20
Nr.	9 Ans eck biem Buern deen	22
Nr.	10 As Burlala geburen was	24
Nr.	11 As de junge Mann wull op Frien utgahn	27
Nr.	12 As ick noch 'n lütt Deern weer	29
Nr.	13 Brauder Jakob	31
Nr.	14 Buhköhking buh	32
Nr.	15 Daaglang an'n Disch seeten	33
Nr.	16 Dah, wat du nie dahn hest	34
Nr.	17 Dar steiht een Lindboom	35
Nr.	18 Dar weer een lüttje Buerndeern	37
Nr.	19 Dat du mien Leewsten büst	39
Nr.	20 Dat weer in een Winter vör lange Tied	41
Nr.	21 De Boom, de stünn so hoch un krus	43
Nr.	22 De Buur, dee wull to Acker gahn	45
Nr.	23 De grote Buer, de Herr vun 't Land	47
Nr.	24 De Harwstwind weiht dörch Warnemünn'	49
Nr.	25 De Klock, de hett al elben schlohn	51
Nr.	26 De Klock hett tein slan	53
Nr.	27 De Landstrat lang, hen nah Swerin	55
Nr.	28 De Linnewewers slacht alle Johr twee Swien	56
Nr.	29 De lütte Stadt geiht slapen sacht	58
Nr.	30 De mit de Katt'n plögen will	60
Nr.	31 De Politikers sitt in 't Parlament	61
Nr.	32 De Rosenstruk, de hett ne Knopp	64
Nr.	33 De Schauster möt miene Schauh noch flicken	65
Nr.	34 De See geiht hoch, de Wind de blast	67

Nr.	35	De Sidensnur geiht üm dat Hus	69
Nr.	36	De Sünn ward schienen	70
Nr.	37	De Tiet, de rennt sacht furt mit mi	72
Nr.	38	De Wächter geiht to blasen	73
Nr.	39	De Welt is rein so sachen	74
Nr.	40	Dei ierst Mann is dei Spinner	76
Nr.	41	Dei Kuckuck up den Tuune satt	77
Nr.	42	Dei Mond, dei schient so hell, so klor	79
Nr.	43	Den Dag oewer hett sei sick buten rümquält	81
Nr.	44	Dochter wullt du 'n Mann hem	84
Nr.	45	Dor fohr von Hamborg mol so'n ohlen Kassen	86
Nr.	46	Dor wieren eenst dree Suldaten	89
Nr.	47	Dor wiren twee Königskinner	90
Nr.	48	Dree Dag', dree lustige Dag'	92
Nr.	49	Du kleiner Schuster, du	94
Nr.	50	Eia, Kindken, ick weege di	95
Nr.	51	Eia poppeia	96
Nr.	52	Eija wi, wi	98
Nr.	53	Ein Bauer wollt zu Holze fahr'n	99
Nr.	54	Ein Groffsmidt set in goder Rauh	101
Nr.	55	En oller Kater, gries un swatt	104
Nr.	56	Es wollt ein Mädchen zum Tanze gehn	106
Nr.	57	Et liggt een See so stickendun	108
Nr.	58	Et wer enmol en Frier, o joa	111
Nr.	59	Fru Püttelkow ut Hagenow	112
Nr.	60	Gah ick dörch mien Heimatstraten	116
Nr.	61	Gah von mi	118
Nr.	62	Gaus up 'e Däl	119
Nr.	63	Gistern abend wir Vedder Michel dor	120
Nr.	64	Goden Abend all tosam'n	122
Nr.	65	Grad as in'n Drom	123
Nr.	66	Greten, kumm mal vör de Dör	125
Nr.	67	Hal mi den Saalhund	127
Nr.	68	Hans Nahber, ick hebb et juu togebröcht	128
Nr.	69	Harr ick man dree Wünsche	129
Nr.	70	He sä mi so vel	130
Nr.	71	Hebbt ji mien'n Buern ok sehn	132

Nr. 72	Heidel didel deper	134
Nr. 73	Herr Smidt, Herr Smidt	135
Nr. 74	Hier liggt en Appel, dor liggt en Beer	137
Nr. 75	Hoch kloppt dat Hart	139
Nr. 76	Hört, hört, wat ick juch seggen will	141
Nr. 77	Hür Sœhn, hier hest du mien Galljot	143
Nr. 78	Hüt bün ick noch lütt	144
Nr. 79	Hullerdebuller un dideldumdei	147
Nr. 80	Hurrah! Dat Seefohrn is mien Leben	150
Nr. 81	Ick bin een Buersmann	152
Nr. 82	Ick bün een Walfischfänger	154
Nr. 83	Ick güng mal eens nah Hamborg rin	156
Nr. 84	Ick hebb so lang nich an di dacht	158
Nr. 85	Ick hebbe se nicht up de Scholen gebracht	160
Nr. 86	Ick heff mol een Hamborger Veermaster sehn	162
Nr. 87	Ick mot lieden	164
Nr. 88	Ick sach min Heern van Valkensteen	165
Nr. 89	Ick stah up een oll leddig Fatt	168
Nr. 90	Ick treck mit mienen Ewer	170
Nr. 91	Ick und mien Lisbeth willt Summerfeld ga'en	173
Nr. 92	Ick weet een Leed	174
Nr. 93	Ick weet een stolte Wewerin	177
Nr. 94	Ick weit ein Land, dat mi geföllt	179
Nr. 95	Ick weit einen Eikboom	181
Nr. 96	Ick weit en Leid, wat säuter klingt	183
Nr. 97	Ick will juu sing'n	185
Nr. 98	Ick will vertelln, wat is passiert	187
Nr. 99	Ick wull, wi weer'n noch kleen, Jehann	189
Nr. 100	In Gluckgluck lew ich	191
Nr. 101	In Hamborg is doch, wie bekannt	192
Nr. 102	Is dar för ehrlich arm Lüü Grund	196
Nr. 103	Is dat Fröhjohr weer dor	198
Nr. 104	Jan Hinnerk wahnt in de Lammer-Lammerstrat	201
Nr. 105	Juchhe, Hochtiet un Hochtiet is hüüt	205
Nr. 106	Juchhe, lustig, seggt he	207
Nr. 107	Kartüffelkruut is gräun	210
Nr. 108	Kleener Mann wull grot Fruu frieg'n	212

Nr. 109	Kumm, un führ mit mien' Auto	214
Nr. 110	Lett mal min' Seel de Flüchten hängen	216
Nr. 111	Liesing klingen Wihnachtsglocken	218
Nr. 112	Likedeeler, Likedeeler, kennt ji diss'n Nam	220
Nr. 113	Lovet sistu Jesu Christ	223
Nr. 114	Lüd, Lüd, nu geiht dat an	225
Nr. 115	Lütt Anna Susanna	227
Nr. 116	Lütt Matten, dei Has'	229
Nr. 117	Magst mi noch liden	231
Nr. 118	Man drinkt fœr'n Döst	232
Nr. 119	Man töben, man töben	234
Nr. 120	Meikens, ach beduret mi	235
Nr. 121	Meister Moritz harr ins grot tokakt	237
Nr. 122	Mi is en fien bruun Mäken	239
Nr. 123	Mien Boom steiht hier	241
Nr. 124	Mien Schatz is een Jäger	243
Nr. 125	Mien Vadding is een Schipper	245
Nr. 126	Min Anna is en Ros' so rot	247
Nr. 127	Min Modersprak, wa klingst du schön	249
Nr. 128	Min Oll, de hett ein Liewgericht	251
Nr. 129	Min zuckersöt Suschen	253
Nr. 130	Min Vader heet Hans Vagelnest	255
Nr. 131	Mit den Ränzel up den Nacken	257
Nr. 132	Nu geiht de Herwstwind över de Heid	259
Nr. 133	Nu lat uns sing'n dat Abendleed	261
Nr. 134	O Danneboom, o Danneboom	262
Nr. 135	O Dannenboom, o Dannenboom	263
Nr. 136	O Dannenboom, leiw Dannenboom	264
Nr. 137	O Dannenboom, o Dannenboom	265
Nr. 138	O Hannes, wat een Haut	266
Nr. 139	O Moder, wat heff ick een Bäumeken seihn	268
Nr. 140	O sore Rägen	270
Nr. 141	Oever de stillen Straten	271
Nr. 142	Oever Straten, dee verlaten	272
Nr. 143	Oll Mann wull ried'n	274
Nr. 144	Pingsbötel, Hawergarf, Bokwetenstroh	276
Nr. 145	Prost, Brauder Dickmuul	278

Nr. 146	Rägen kloppt an 't Finster	279
Nr. 147	Rau, rau, Rummelsdöppen	282
Nr. 148	Regen, Regen, drus'	283
Nr. 149	Sacht över't Water, dor schaukelt en Kahn	285
Nr. 150	Sag, o Schönste, willst du lieben	287
Nr. 151	Schön Anna stunn vör Stratendör	289
Nr. 152	Schön is dat Soldatenleben	291
Nr. 153	Schwart is dei Nacht	294
Nr. 154	Sitt de Seelüd obends mol	295
Nr. 155	Sitt 'ne lütte Diern up'n breeden Steen	298
Nr. 156	Slap Kindjen söt	300
Nr. 157	Slap, Kinning, slap	301
Nr. 158	So einsam is't an'n Strann'	302
Nr. 159	Spinn, mien leewe Dochter	303
Nr. 160	Steiht 'ne Galerie-Hollänner-Möhl	305
Nr. 161	Still, mien Hanne, hör mit to!	308
Nr. 162	Still schaffte ein Mann	310
Nr. 163	Störtebeker und Gode Micheel	311
Nr. 164	Suse, leiwe Suse	316
Nr. 165	To Pingst'n, ach wie scheun	317
Nr. 166	Trügg liggt sei, ach so wiet	322
Nr. 167	Tuck, tuck, tuck mien Häuhneken	324
Nr. 168	Un as dat Mäke na Melken ging	325
Nr. 169	Un as dei Großvadder dei Großmudder nehm	326
Nr. 170	Un kümmt de leewe Sünndag an	328
Nr. 171	Unse gele Hinn	331
Nr. 172	Up den Kamp von Doberan	332
Nr. 173	Vör Johren stünn dat leger üm uns Cowboys	334
Nr. 174	Vör ollen Tieden, da was et noch god	337
Nr. 175	Wak up, miens Harten Schöne	339
Nr. 176	Wat heww ick miene Heimat leew	341
Nr. 177	Wat kloppt an miene Dör	343
Nr. 178	Wat nehm ick mi denn för een'n Mann	345
Nr. 179	Wat weenst du di de Ogen blank	347
Nr. 180	Wecker steckt sien Näs in jeden Dreck	349
Nr. 181	Weer mal en Buer, de wull in de Stadt	351
Nr. 182	Wenn abends rot de Wulken treckt	354

Nr. 183	Wenn de Pott œwer nu een Lock hett	356
Nr. 184	Wenn de Wind dör de Bööm weit	358
Nr. 185	Wenn hier ein Pott mit Bohnen steiht	361
Nr. 186	Wenn Pingsten is	363
Nr. 187	Wer mi nich in de Ogen kieckt	365
Nr. 188	Wi Börgers sind bedurenswiert	367
Nr. 189	Wi knüppen un wäben en Teppich för't Läben	369
Nr. 190	Wie grün sind doch die Tann'	371
Nr. 191	Wie komm ick an dien Vadderhus	373
Nr. 192	Wihnachtenabend	376
Nr. 193	Wille jy Herren uns recht verstahn	377
Nr. 194	Wo de Ostseewellen	381
Nr. 195	Wo ik herkam	383
Nr. 196	Wo sünd min Johren bleben	384
Nr. 197	Wol ünner den Lindenbom gröne	386
Nr. 198	Woväl is dat Läben wiert	388
Nr. 199	Zi, za harr 'k man 'n lütten Sluck	389
Nr. 200	Zopperloot, seggt he	391

Die Herausgeberin und der Verlag danken den Universitätsbibliotheken Greifswald und Rostock sowie dem Berliner Volksliedarchiv (Akademie der Wissenschaften der DDR, Zentralinstitut für Geschichte, Wissenschaftsbereich Kulturgeschichte/Volkskunde, Berlin), dem Mecklenburgischen Volksliedarchiv (Außenstelle Rostock des Wissenschaftsbereiches Kulturgeschichte/Volkskunde des ZI für Geschichte der Akademie der Wissenschaften der DDR), dem Pommerschen Volksliedarchiv (Außenstelle Greifswald des Zentralinstitutes für Sprachwissenschaft der Akademie der Wissenschaften der DDR) und dem Volksliedarchiv Freiburg für das hilfreiche Entgegenkommen und das unkomplizierte Bereitstellen der umfangreichen Literatur, seltener Buchausgaben, der Handschriften und sonstiger Archivalien.

Für freundliche Genehmigung der Nachdruckrechte von Texten und Kompositionen für dieses Buch danken wir:
Jochen Allihn, Berlin; ALL-WA Musikverlag Susanne Wagner, Haselund (»Dat weer in een Winter vör lange Tied«; »Is dat Fröhjohr weer dor«); Oswald Andrae, Jever; Helmut Debus, Elsfleth-Oberhammelwarden; Jörg Ermisch, Hamburg; Rudolf Ertl, Warnemünde; Larry Evers, Schwabstedt; Edith Freitag, Neustrelitz (Franz Freitag); Musikverlag Ernst Grossmann, Hamburg (»Hüt bün ick noch lütt« — mit Genehmigung von Frau Weroline Rothenburg   Originaltitel: »Fohr mi mol röber« = Hamborger-Fährjung-Walzer); Gudrun Häußler, Hamburg (Gustav Häußler); Margarete Henkel, Waltershausen (Karl Puls); Hannelore Hinz, Schwerin; Verona Hocke, Husum; Musikverlag Intersong GmbH und Hanseatic Musikverlag GmbH, Hamburg (»Wenn de Wind dör de Bööm weit«, »Weer mal en Buer, de wull in de Stadt« — Knut Kiesewetter); Wolfgang Keller, Trinwillershagen (Kreis Ribnitz-Damgarten); Professor Dr. sc. med. S. Kiene, Leipzig (Martha Müller-Grählert); Knut Kiesewetter — siehe Genehmigungen Musikverlag Intersong GmbH und Hanseatic Musikverlag GmbH, Hamburg sowie Peer Musikverlag GmbH, Hamburg; Wolfgang Kniep, Gallin (Kreis Hagenow); Elfi Koch, Marsow (Kreis Hagenow); Dieter Krüger, Dabel (Kreis Sternberg); Ursula Kurz, Wittenburg; Gruppe »Landleute«, Neubrandenburg; Klaus-

Dietrich Lass, Schwerin; Lucie Meyer, Rostock (Fritz Meyer-Scharffenberg); Lisa Milbret, Rostock; Ilse Mühlbach, Bad Doberan; Annegret Pautsch, Neubrandenburg; Dr. Joachim Piatkowski, Rostock; Klaus Prigge — siehe Genehmigungen Musikverlage Hans Sikorski; Peer Musikverlag GmbH, Hamburg (»Ick bün een Walfischfänger« — Knut Kiesewetter); Quickborn-Verlag, Hamburg (Rudolf Kinau); Jochen Renz, Rostock; Gunnar und Sandra Rieck, Wismar; Wolfgang Rieck, Rostock/Neustrelitz; Rainer Wolfgang Scheibeler, Neubrandenburg; Klaus-Jürgen Schlettwein, Güstrow; Roland Seth, Rostock; Inge-R. Sikora, Rostock; Internationale Musikverlage Hans Sikorski, Hamburg (»De See geiht hoch, de Wind de blast« = Originaltitel: »De Runner von Hamborg«; »Dor fohr von Hamborg mol ...«; = Originaltitel: »De Hamborger Veermaster«; »In Hamborg is doch, wie bekannt« = Originaltitel: »Snuten un Poten«; »Sitt de Seelüd obends mol« — Klaus Prigge = »Un denn segelt wi so langsam rund Kap Horn«; »Wo de Ostseewellen/Nordseewellen trecken an den Strand« = Martha Müller-Grählert, S. Krannig); Alfred Sitte, Kröpelin; Rudolf Stundl, Greifswald; Erna Taege-Röhnisch, Templin (eigene Texte sowie Kompositionen von Fritz Röhnisch); Klaus-Peter Winter, Schwerin; Gisela Wossowski, Rostock (Berthold Brügge).

Den Verlagen gelang es in einigen Fällen nicht, die Inhaber der urheberrechtlichen Nutzungsrechte zu ermitteln. Noch vorhandene entsprechende Ansprüche sind geltend zu machen für die DDR beim Hinstorff Verlag Rostock, für die Bundesrepublik Deutschland beim Florian Noetzel Verlag in Wilhelmshaven.